장량

환골탈태, 중원을 통일하다

함께 읽는 고전 _ 『사기』

장량
환골탈태, 중원을 통일하다

초판 1쇄 펴냄 2015년 3월 27일

지은이 ｜ 이양호
펴낸이 ｜ 홍석근
그린이 ｜ 리강
편집 ｜ 김동관, 김슬지, 이승희
디자인 ｜ 강인경

펴낸 곳 ｜ 평사리 Common Life Books
신고번호 ｜ 313-2004-172 (2004. 7. 1)
주소 ｜ (121-896) 서울시 마포구 월드컵로 74(서교동, 원천빌딩) 6층
전화 ｜ (02) 706-1970 **팩스** (02) 706-1971
www.commonlifebooks.com

ISBN 978-89-92241-64-9 (04910)
ISBN 978-89-92241-62-5 (세트)

* 잘못된 책은 바꿔드립니다.
* 책값은 뒤표지에 있습니다.

함께 읽는 고전
사기(史記)

장량

환골탈태, 중원을 통일하다

이양호 지음
리강 그림

평사리
Common Life Books

자기 개발이 넘쳐 나는 시대이다. 과거의 자기를 버리고 새로운 자기를 얻겠다고 한다. 성적·승진·건강, 자기 개발의 이유도 다양하고 방법도 다양하다. 하지만 자기 혁신의 빼놓을 수 없는 동력과 계기는 뼈가 저릴 정도의 실패이다. 장량 역시 일생일대의 푯대가 꺾인 경험을 했다. 실패하고 은둔기를 거친 뒤 그는 과거의 목표를 훌쩍 뛰어넘는 새 목표를 치켜들었다.

사마천은 장량의 두 번에 걸친 환골탈태를 큰 맥으로 삼아, 장량을 『사기』「유후(장량) 세가」에서 그려 보여 준다. 장량은 멸망당한 조국 한韓나라의 복수를 하고자 진시황을 암살하려다 실패한 뒤, 자기를 전면적으로 바꾼다. 첫 번째 한골탈태다. 그 큰일을 이루었는데 거기에 걸맞은 간절함과 공부가 없을 수 없고, 그 결과 또한 없을 수 없다. 하여, 일개 암살자였던 장량이 대전략가로 탈바꿈하고 마침내 유방을 이끌어 중원을 통일하는 대역사를 일구어 낸다.

유방에게 중원을 통일시켜 준 뒤, 장량은 다시 한 번 탈바꿈한다. 그는 문을 걸어 잠근 채 곡기를 끊고 도가가 보여 주는 세계로 들어간다. 일을 이룬 뒤, 거기에 매달린 열매를 탐하다가 겪게 되는 비극을 그는 알고 있었던 것이다. 또 한 번의 환골탈태를 그는 감행한 것이다. 예쁜 여인네의 얼굴이 그에게서 나타난다.

빼놓을 수 없는 게 이 책엔 또 있다. 철저한 고증과 중국에 대한 깊은 이해를 바탕으로 마련한 리강 화백의 격조 있는 그림이 그것이다. 이 책을 보면서 또 다른 맛을 거기에서 음미할 수 있으리라 여긴다. 원문은 『사기』의 「유후(장량) 세가」를 완역했음을 밝힌다. 평사리 들판을 가꾸어 이 책이 빛을 볼 수 있도록 해 주신 여러분께 감사의 말씀을 올린다.

2015년 3월 1일 이양호

차
례

함께 읽는 사람들

뭉술이 엉뚱한 질문으로 곧잘 우리를 당황하게 하지만, 오늘을 살아가는 현대인의 감수성으로 역사 속 사건과 인물을 마주하게 해 준다.

범식이 모르는 게 없을 정도로 두루두루 해박하여, 우리들의 생각을 사방팔방으로 번져 나가게 해 준다.

캐물이 깨알같은 질문을 퍼부어, 역사 인물들의 꿍꿍이를 거침없이 헤집어 낸다. 사마천이 글을 쓴 의도를 잘 파악하는 데 도움을 준다.

이양호 샘 영웅들이 살았던 시대의 배경 지식, 후대의 역사 논쟁들, 동서양의 비슷한 사례 등을 밝혀서 좀 더 풍부하게 이해할 수 있게 한다.

천하를 덮을 만큼 큰 용기가 있는 자는
갑자기 어떤 일이 닥쳐도 놀라지 않으며
까닭 없이 해를 당해도 화를 내지 않는다
이는, 그의 마음에 품은 바가 매우 크고
뜻이 심히 원대하기 때문이다.

  - 소동파의 「유후론」 중에서

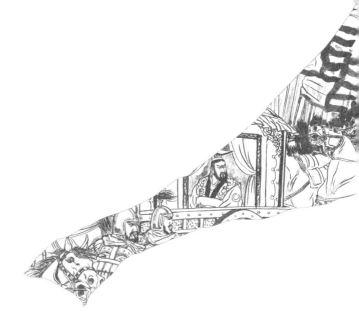

자객에서 전략가로 환골탈태하다

뭉술 장량이 장자방이지?

캐물 맞아. 꾀주머니라고 알려진 그 장자방이야.

뭉술 정도전이 자신을 장자방에 빗댔다지?

범식 딱 그렇게 말한 건 아니고, "유방이 장자방을 쓴 것이 아니라
　　　장자방이 유방을 쓴 것이다"라고 술 자리에서 말했대.

캐물 그 소리가 그 소리지.

뭉술 이성계는 그럼 고용사장인가?

범식 그 정도는 아니고, 자신이 이성계를 채용해서 조선을 세웠다

는 소리지.

캐물 사장이 사원을 채용한 것이 아니라, 사원이 사장을 채용했다
는 말이잖아?

이샘 조선의 선비들 중에 그런 마음으로 벼슬한 사람들이 꽤 있었
던 것 같아요. 임금을 마음대로 고른다는 뜻은 아니고, 내 맘
에 맞아야 조정에 나가 벼슬한다고 생각한 거죠. 사원이 사
장을 채용한다는 발상의 전환, 멋있지 않나요?

유후留侯 **장량**張良은 그의 선조가 한韓나라 사람이다. 조부 개지開
地는 한나라의 소후昭侯 선혜왕宣惠王, 양애왕襄哀王 때 상국을 지냈고,
아버지 평平은 희왕釐王과 도혜왕悼惠王 때 상국을 지냈다. 도혜왕 23
년에 아버지 평이 죽었는데, 그로부터 이십 년 뒤에 진秦나라가 한韓
나라를 멸망시켰다(기원전 230). 그 당시 장량은 나이가 어려 한나라
의 벼슬살이는 하지 않았다.

한나라가 망했을 때 그의 집에는 노복奴僕이 삼백 명이나 있었는데
도, 동생이 죽자 장량도 치르지 않았다. 대신에 장량은 한나라의 원
수를 갚고자 가산을 다 털어 진왕秦王[진시황]을 죽일 자객을 찾았다.
할아버지와 아버지가 한韓나라에서 다섯 왕의 치세 동안 상국을 지
냈기 때문이었다.

뭉술 장량의 조상이 한韓나라 사람이면 우리 조상인가?

범식 한자가 같긴 하지만 중국에 있던 나라야.

캐물 시작 장면이 남다른데?

뭉술 그러게. 아버지, 할아버지 이름도 나오고 장량은 시작부터 거창하네.

범식 장량의 할아버지와 아버지가 거창한 거고, 장량은 망한 나라 사람일 뿐이잖아?

뭉술 그래도 노비가 300명이나 되데 뭐.

캐물 망한 나라 귀족 자손인 장량이 살아가는 모습은 어떨까?

범식 동생이 죽었는데 장례도 치르지 않고 가산을 털어 자객을 구한 것으로 봐서, 목표를 세우면 오로지 그곳으로 돌진하는 장량을 볼 수 있을 것 같은데?

뭉술 재물에 눈이 멀지는 않을 것 같아. 재산 전부를 팔아 자객을 고용한 사람이니까.

캐물 자기가 가진 것 전부를 팔아 진시황을 죽이려 했는데 왜 그랬을까? 자기 나라를 망하게 했다고 모두가 다 그렇게 극단적인 일을 꾀하는 건 아니잖아.

범식 장량의 할아버지와 아버지가 한나라에서 5대 동안 그 나라 최고위직인 상국을 지냈기 때문이라고 사마천은 말했어. 그런 집안의 자식이라면 자기 나라가 망했을 때 느낌이 특별하지 않을까?

뭉술 탄탄대로가 갑자기 사라진 느낌이었겠지.

범식 그런 인간이었다면 자기 재산을 다 팔진 않았을 거야.

캐물 부끄럽지 않았을까?

뭉술 부끄러울 게 없잖아. 장량은 그 나라에서 벼슬도 하지 않았는데?

캐물 나라가 망한 것은 5대 동안 상국을 지낸 할아버지와 아버지의 잘못 때문이라고 여길 수도 있잖아. 조상에 대해 한편에선 자부심도 있었겠지만, 자부심만큼이나 부끄러움도 컸을 것 같아.

범식 그래서 죽은 동생의 장례도 치르지 않은 건가?

뭉술 한 푼이라도 돈을 아껴 자객을 사야 하니까 그랬겠지.

범식 자기 집안은 장례를 치를 정도로 괜찮은 집안이 아니란 생각도 들지 않았을까? 장례를 치르지 않은 것은 워낙 특별한 일이잖아.

캐물 샘! 이때 장량은 몇 살이었지요?

이샘 아버지가 죽은 지 20년 뒤에 나라가 망했고, 그때 장량은 나이가 어려 벼슬을 하지 못했다는 것으로 봐서 스무 살을 갓

넘기지 않았을까요?

뭉술   대학 1, 2학년쯤에 그런 생각을 했다는 거네.

장량은 먼저 회양淮陽에서 예禮를 배웠다. 그런 뒤 동쪽으로 가서 창해군倉海君을 만나 뵙고 힘센 장사를 얻어, 무게가 백이십 근이나 나가는 큰 철퇴를 만들었다.

진시황이 동쪽을 순시할 때, 장량은 그 장사와 함께 박랑사博浪沙에서 매복하고 있다가 진시황의 수레에 철퇴를 던졌다. 하지만 진시황이 타는 수레를 잘 몰라 시종이 타는 수레를 맞추고 말았다. 진시황은 크게 분노하며 중국 땅을 샅샅이 뒤져 자객들을 급히 잡아들였는데, 장량을 잡기 위해서였다. 이에 장량은 이름과 성을 바꾸고 하비下邳로 달아나 숨었다.

뭉술   임금을 만나려고 임금 만나는 예禮부터 배운 건가?

이샘   그럴 수 있어요. 하지만 예禮는 본래 예절에 국한된 것이 아니고, 국가 경영에 필요한 '제도'와 '의례'까지 포괄해요.

범식   그렇다면 다시 나라를 세우겠다는 포부에서 예를 배운 건가?

캐물   할아버지 아버지가 잘못한 전철을 다시 밟지 않겠다는 결의이고 준비이기도 했겠지.

16

뭉술 진시황을 죽이려는 마음이 단순한 복수심에서 나온 게 아니라고도 볼 수 있겠네?

이샘 장량이 만난 창해군倉海君이 우리에겐 특별한 사람이에요. 동이족의 임금이라는 기록이 있거든요. 진시황에게 점령당하지 않은 동쪽에 동이족의 나라가 있었으니, 그 기록이 사실이지 않을까 싶어요.

뭉술 장량! 운도 더럽게 없네. 어떻게 호위하는 수레에 철퇴가 맞지?

범식 운이 없기도 했지만, 진시황이 자객을 대비해 자기가 타는 수레와 똑같은 모양의 수레를 몇 대 더 만들어 나갈 때마다 끌고 나갔대, 그러곤 최측근 한두 명에게만 자신이 탄 수레를 알게 했으니 처음부터 성공할 확률이 높지 않았던 거지.

캐물 진시황이 동방을 순시한 게 기원전 218년이니까, 한나라가 망한 뒤로 13년 동안 준비한 세월이 한순간에 날아가 버린 셈이네.

범식 세월만이 아니라 그 사람의 이름과 성도 날아갔어.

뭉술 샘! 장량의 원래 이름은 뭐예요?

이샘 본래 성은 희姬씨로 알려져 있지만, 본래 이름은 알려지지 않은 듯해요.

캐물	하비도 진나라 땅 아냐?

뭉술	그런데, 왜?

캐물	진나라 법이 그렇게 엄했다는데 장량을 붙잡지 못해서.

범식	상앙도 여행 허가증이 없어서 여관에도 못 들어갈 정도로 엄했던 게 진나라 법인데, 진시황을 테러한 사람을 못 잡은 게 이상하긴 하다.

뭉술	진나라의 법령이 하비 지역에선 아직 시행되지 않았을 수도 있지 않을까?

캐물	제대로 작동하지 않았을 수는 있지만, 시행되기는 했을 거야.

범식	엄한 법이 아니더라도, 장량은 현상금이 붙은 범인이었으니까 상을 받기 위해 신고하는 사람도 있었을 것 같은데, 그러지 않았어.

뭉술	진시황이 습격당한 것을 사람들이 '아주' 좋아했다는 소리네.

캐물	진시황의 정치가 너무 가혹해서 그랬겠지.

검거 열풍이 느슨해지자, 장량은 하비에 있는 다리 위를 천천히 걸었다. 한 노부老父가 후줄근한 옷을 걸치고 장량이 있는 곳으로 다가와 곧바로 자기 신발을 다리 밑으로 떨어뜨렸다. 그러고는 장량에게 말했다.

"애야(애송아), 내려가서 신발을 주워 오너라!"

장량은 어처구니가 없어 패 주려고 했으나 나이가 많은 사람을 그럴 수도 없고 하여 겨우 참고 다리 밑으로 내려가서 신발을 가져왔다.

그러자 부父가 말했다.

"신겨!"

장량은 기왕 노인을 위해 신을 주워온 김에, 무릎을 꿇고 등줄기를 세우고서 신을 신겨 주었다. 부父는 신발이 신겨지자 웃으면서 자리를 떴다. 장량은 깜짝 놀라며 그 사람이 가는 대로 눈을 고정했다.

범식   장량은 사람도 좋네.

캐물   왜 군소리 없이 시키는 대로 하고 있지? 자객과 함께 철퇴를 던지던 사람이라고는 믿기질 않아.

뭉술   저격에 실패한 뒤 무기력한 인간이 되어서 그런 거겠지.

캐물   숨어 살면서 장량은 무슨 생각을 했을까?

뭉술   하늘을 원망했겠지.

범식   그러다가 그 방법을 원점부터 다시 검토도 했을 거고.

캐물   나라가 망한 충격에 빠져 그저 혈기만 믿고 한 일이라고 생각했을 거야.

범식   철퇴 던진 걸 후회했을 거란 말이니?

캐물   후회가 아니라 반성했을 거란 얘기지. 설사 진시황이 탄 수
            레를 정확히 알고 맞췄다 하더라도 진시황이 죽었을까?

뭉술   진시황은 장생불사하는 약이라도 먹었니?

캐물   그게 아니라, 수레는 크고 철퇴는 조그만데 수레 어디쯤에
            진시황이 있는지 알아내서 정확히 조준해 맞추겠느냐는 거
            지. 게다가 움직이는 수레에.

범식   애초에 무리한 계획이라는 건가?

캐물   냉철하게 따져 봤다면, 장량은 틀림없이 그렇게 생각했을
            거야.

뭉술   그때 일을 반성한 것과 지금 그 이상한 사람의 말을 고분고
            분 따르는 것 사이에 무슨 관계라도 있다는 거야?

캐물   장량의 성격이 바뀌었잖아. 불 속에라도 뛰어들 듯하던 장량
            에서, 차분하고 참을성 있는 장량으로.

범식   지난 잘못에 대한 반성이 그렇게 만들었다는 거지?

캐물   사람이 확 바뀐 지점엔 늘 철저한 반성이 있잖아.

범식   그렇다 하더라도 후줄근한 옷을 걸친 사람에게 무릎까지 꿇
            고서 신발을 신겨 준다는 건 쉽지 않은데?

뭉술   더구나 장량은 귀족 중의 귀족인 상국의 아들이고 손자야.

비록 나라가 망하기는 했지만.

범식 　상황이 안 좋아지면 출신에 대한 자의식이 더 생겨나는 법이
　　　잖아?

뭉술 　그런 자의식이 없어졌다는 거야?

범식 　없어졌다기보다는 뛰어넘었다고 하는 게 나을 것 같다.

캐물 　그런데 이 노인 양반은 장량을 왜 "애(애송이)"라고 부르지?
　　　장량이 그래도 30대 후반은 되었을 텐데. 아무리 노인인 것
　　　을 감안하더라도 좀 심하잖아.

뭉술 　장량이 애송이인 건 맞잖아. 일 처리한 걸 봐.

캐물 　그럼 장량이 한 일을 노인이 알고 있다는 소리네.

범식 　장량도 그 낌새를 챈 것 같아. 장량이 유별나게 깜짝 놀라며
　　　그 사람을 계속 주시한 게 그 때문이 아닐까?

뭉술 　신고할까 봐?

범식 　아니, 신고할 사람의 태도는 아니잖아? 그 정도 느낌은 장량
　　　도 있겠지.

부는 몇 백 걸음쯤 가다가 돌아와서 말했다.

"가르칠 만한 애군! 닷새 뒤, 여기서 해 뜰 녘에 나와 만나자."

장량은 더욱 괴이하게 여기며 꿇어앉아 말했다.

"알겠습니다."

닷새 뒤 해 뜰 녘에 장량이 그곳으로 갔는데 부父는 미리 와 있었다. 노여워하며 그가 말했다.

"늙은이와 약속을 하고서 뒤에 오다니, 이게 뭔가?"

그러고는 떠나갔다.

가다가 그가 말했다.

"닷새 뒤에 일찍 만나자."

닷새 뒤 닭이 울 때 장량이 나갔다.

부父가 또 먼저 와 있었다.

다시 노여워하며 말했다.

"또 뒤에 오다니! 이게 뭔가?"

그러고는 떠나갔다.

가다가 그가 말했다.

"닷새 뒤에 좀 더 일찍 오너라."

그로부터 다시 닷새 뒤 장량은 밤중도 안 되었는데 그곳으로 갔다. 얼마 있으니 부父가 오더니 기뻐하며 말했다.

"마땅히 이렇게 해야지."

뭉술　 그 노인 양반이 되돌아왔어. 돌아와서 하는 짓도 여전하지만.

캐물	장량을 "애송이"라고 하는 것도 여전해.
범식	장량이 꿇어앉아 고분고분한 것도 여전하고.
뭉술	해 뜰 때 오라고 해서 해 뜰 때 가고, 닭 울 때 오라고 해서 닭 울 때 갔어. 문제 삼을 게 없잖아?
범식	문제는 없지. 하지만 다른 각도에서 보면 문제라고 할 수도 있어. 약속 시간에 맞춰 갔는데 나이 많은 분이 먼저 와 있으면 미안하잖아.
캐물	노인이 장량을 계속 퇴짜 놓는 게 장량으로부터 어른 대접을 못 받는다고 생각해서였을까?
뭉술	기껏 노인 대접 받으려고 그 고생을 사서 하겠어?
캐물	그런데 왜 그런 수모를 당하면서도 장량은 노인을 만나려고 하는 거지?
범식	뭔가는 모르지만 노인이 특이해서 그런 거겠지.
캐물	너 같으면 별로 잘못한 것도 없는데 닷새를 기다려 해 뜰 녘에 나갔다가 퇴짜 맞고, 또 닷새를 기다려 닭 울 때 나갔다가 역시 퇴짜 맞았는데도 다시 나가겠니?
범식	장량이 이 노인에게서 뭔가 느낀 게 있다는 거니?
캐물	막연한 기대가 있었겠지.
뭉술	무슨 기대?

캐물   장량이 하려는 일에 대한 기대.

범식   그런 기대가 있었다면 정말 빨리 나가는 게 맞지.

캐물   바로 그거야. 빨리 나가지 않은 것은 그 노인을 믿는 마음이
       약했기 때문이야. 그래서 노인이 "뒤에 오다니, 왜 그런가?"
       라고 장량에게 물었던 거야. 그 물음은, 서둘러 나오지 않는
       까닭을 장량에게 생각해 보라는 소리였어.

범식   그렇겠네. 뭔가 깨달은 게 있어서 장량은 밤중도 되기 전에,
       그러니까 날이 바뀌기도 전에 만날 장소를 찾은 거겠지. 그
       런데 뭘 깨달았을까?

캐물   그동안 해방에의 의지가 너무 약해졌다는 생각을 했을 거야.
       노인이 뭔가가 있는 사람인 것 같은데도 장량은 그 사람을
       만나는 일에 적극적이지 않잖아? 10년 이상을 준비해 철퇴
       를 던졌던 사람이라기엔 너무 매가리가 없어.

뭉술   하기야 그렇지. 나에게 꼭 필요한 사람이라는 생각이 들면
       약속 시간에 '딱' 맞춰서 갈 리가 없어. 일찍 가서 자리 잡고
       기다리겠지.

부父는 한 권의 책을 내놓으며 말했다.

"이 책을 읽으면, 왕(황제)이 되려는 자의 스승이 될 수 있다. 십 년

후에 그 일이 일어날 것이다. 십삼 년 뒤, 그대는 제북濟北에서 또 나를 만날 것이다. 곡성산穀城山 아래에 있는 누런 돌[黃石]이 나다." 그러고는 떠나갔는데 다른 말도 없고 다시 만날 수도 없었다. 날이 밝아 그 책을 보았더니 『태공병법太公兵法』이었다. 이 때문에 장량은 그 책을 기이하게 여겨 늘 읽고, 외우고, 익혔다.

장량은 하비에 살면서 협객이 되었는데, 항백項伯(항우의 숙부)이 장량을 따라다니며 숨어 지냈다. 항백이 일찍이 사람을 죽인 일이 있었기 때문이다.

뭉술   겨우 책 한 권 주려고 그렇게까지 한 건가?

범식   겨우가 아니야. 왕(황제)의 스승이 될 수 있는 책이야.

뭉술   그걸 누가 믿는데?

캐물   보통은 안 믿지. 그래서 노인이 자신에 대한 믿음을 장량에게 키워주려고 그렇게 계속 퇴짜를 놓았다는 생각이 들어.

범식   그런 믿음이 왜 필요한데?

캐물   가르치려고.

범식   가르침은 교육이고, 믿음은 종교야.

뭉술   불교조차도 믿음을 말하진 않아.

캐물   하긴 불교가 믿음보다는 깨달음을 말하긴 하지. 하지만 불교

신자나 스님에겐 부처님에 대한 믿음과 신뢰가 없을까? 소크라테스에 대한 믿음이 플라톤에게 없었을까? 퇴계 이황에 대한 믿음이 유성룡에게 없었을까? 난 가르치는 사람에 대한 믿음과 신뢰가 없는 곳에는 제대로 된 가르침도 없다고 봐.

범식　구체적으로 살피자. 노인에 대한 장량의 믿음이 생겼다고 치자. 그 믿음이 의미가 있을까? 노인이 한 거라곤 책 한 권 준 것밖에 없었잖아.

캐물　바로 그거야. 노인에 대한 믿음이 없었을 때 이 책을 받았다고 쳐 봐. 책을 대하는 장량의 태도가 어땠을까? 더구나 그는 예禮는 배웠어도 병법은 배울 생각도 없었어. 오로지 자객을 동원해 암살하면 된다고 생각했던 애송이야.

뭉술　그 책을 심각하게 여기지 않았을 수 있겠네.

범식　그래도 한두 번은 읽었겠지.

캐물　그 정도로 읽어서 세상을 바꿀 순 없어. 장량은 그 책을 늘 읊조렸어.

범식　책의 내용이 빼어나고 맘에 들면 그럴 수 있는 거잖아.

캐물　물론. 하지만 장량의 경우 그것과는 또 다른 문제 같아.

뭉술　장량이 "그 책을 기이하게 여겼다"라고 사마천이 말했는데도 책의 내용과 장량이 책을 대하는 태도가 별개라는 거니?

캐물 그 문장을 정확하게 보면, 장량은 '이 때문에' 그 책을 기이
하게 여겼다고 되어 있어. '이 때문'이 가리키는 것은 '노인과
장량 사이에 있었던 일'이라고 나는 생각해.

뭉술 이 책이 장량을 얼마나 바꿔 놓았을까?

범식 정도전이 철퇴를 내려치는 자객 장량에게다 자신을 빗대진
않았을 테니까, 많이 바뀌었다고 봐야지.

캐물 장량이 확 바뀌었다면, 『태공병법』에서 그 원인을 찾아야
겠지?

뭉술 『태공병법』이 장량의 여의주였네. 이 한마디 말을 하려고 사
마천은 지금껏 길게 글을 쓴 건가?

캐물 그렇다고 봐야지. 이렇게 안 쓰고 달랑 한 줄로 쓰면 '사실'은
전달되어도 '감동'은 없어. 이런 점에서 사마천이 글쓰기의
명수인 거지.

범식 『태공병법』도 그냥 쉽게 얻었다면 장량이 그 책에 10년을 공
들이지 않았을 것처럼 말이지?

뭉술 샘, 『태공병법』은 어떤 책인가요?

이샘 저도 몰라요. 지금은 책이 전하지 않으니까요. 다만 책 이름
에 있는 '태공'이 강태공을 가리키니까 그 노인은 강태공의
사상을 계승한 사람일 거라고 학자들이 짐작할 뿐이지요.

그런데 당나라 태종과 장군 이정李靖의 토론을 모아 놓은『이위공문대』에서 이정이 "장량이 배운 것은 강태공의『육도六韜』와『삼략三略』이다"라고 말한 부분이 있어요. 하지만 이 두 책은 오랫동안 위서로 의심을 받다가, 1972년 은작산(기원전 134년) 묘에서『육도』가 나와 진시황 이전에 이 책이 지어졌을 거라는 데에 학자들이 거의 동의하게 되었죠. 그렇다고 강태공이 책을 직접 완성했다는 건 아니고, 전국시대 때 누군가가 전해져 오던 그의 사상을 모아 엮었을 거라고 여겨요. 본문에 나온 노인이 그 사람이 아닐까 생각해 볼 수도 있겠지만, 이 노인 역시 전설 같은 인물인지라 확정할 순 없어요.

어쨌거나『육도』와『삼략』은 강태공과 관련이 있을 거니까, 장량이 봤던『태공병법』과도 크게 어긋나진 않을 거예요.

범식　장량이『태공병법』에 얼마나 영향을 받았는가를 알기 위해, 이후 장량의 말과 행동의 근거를『육도』와『삼략』에서 찾아보는 거 어떻게 생각해?

뭉술　그거 재미있겠다.

캐물　나도 동의. 그런데 사마천은 왜 이 노인을 처음에 늙은 아버지[老父]라 하고 그 다음부턴 줄곧 아버지[父]라고 표현할까?

뭉술　친근하게 표현하려고 그런 게 아닐까?

캐물   뭔가 있을 것 같은데 잘 모르겠어.

뭉술   나도 하나, 본문 마지막에 보면 뜬금없이 장량이 항백을 만났다는 말이 있어. 사마천은 왜 이 자리에 그걸 써 놓았을까?

범식   사마천이 그냥 썼을 리는 없을 테니까 일단 기억해 두자.

캐물   그래. 하비에 있을 때 장량이 항백을 만났다!

십 년이 지나 진섭 등이 봉기하자, 장량도 젊은이 백여 명을 모았다. 경구景駒는 스스로 초나라의 대리왕代理王이라 칭하며 유현留縣에 머물러 있었다. 장량은 그를 따르려고 그곳으로 가다가 가는 길에 패공(유방)을 만났다. 이때 패공은 수천 명을 거느리고 하비 서쪽 땅을 공략해, 드디어 그 땅을 자기 손아귀에 넣고 있었다.

패공이 장량을 구장廏將으로 삼자, 장량은 『태공병법』에 있는 것으로 패공에게 자주 유세하였다. 이에 패공은 그를 좋게 여겨 늘 그의 계책을 따랐다. 장량은 다른 사람들에게도 『태공병법』을 말했으나 그들 모두 탐탁지 않게 여겼다.

장량이 말했다.

"패공은 하늘이 낸 인물일 것이다."

그리하여 장량은 경구에게 가려던 마음을 접고 마침내 패공을 따라갔다.

범식 『태공병법』을 받고 나서 10년을 그냥 훌쩍 건너뛰네.

뭉술 영화에서도 자주 '○○년 후'라고 자막이 뜨잖아.

캐물 10년을 그 책에 파묻혀 살았다는 말을 사마천은 하고 싶었겠지.

뭉술 그렇게 책에 파묻힌 보람이 있을까?

범식 장량이 『태공병법』에 있는 것으로 계책을 내면 유방이 늘 채택했다고 하니까, 일단은 10년 공부가 헛되지 않았다고 할 수 있겠네.

뭉술 처음에 한신은, 계책을 낼 때마다 그의 계책이 늘 버려졌잖아. 두 사람은 출발부터 다른데?

캐물 장량은 자기 변신의 시간을 겪었고, 한신은 안 겪었으니까.

범식 한신도 결국은 겪었어. 항우와 유방에게 버려지다시피 했던 때가 그때라고 볼 수 있잖아?

캐물 '자기 변신의 시간', 우리는 언제 겪지?

이샘 사춘기 때.

캐물 몸 말고 정신이요.

이샘 몸이 바뀌고 정신도 자기 변신을 했을 때 비로소 사춘기가 완성되는 게 아닐까요? 안 그런 사람은 서른이나 마흔이 되어 몸은 어른이어도 여전히 사춘기 어린애인 거고.

캐물 유방은 잘 이해한 『태공병법』을 왜 다른 사람들은 이해하지 못했을까?

범식 "유방은 하늘이 낸 인물이니까." 장량의 생각이야!

뭉술 그러면 장량은 '하늘의 하늘'이 냈겠네. 『태공병법』을 이해해서 강의까지 하잖아.

범식 장량은 그 책에 10년을 공들였고, 다른 사람들은 그러지 않았잖아. 언제나 듣자마자 이해하는 특별한 사람이 있긴 하지만, 그런 사람은 극히 드물어. 유방이 그런 사람인 셈이지. 그래서 유방을 하늘이 냈다고 생각한 거지.

캐물 앞에서 우리가 말한 '노인이 장량을 그런 식으로 특별하게 만나야 했던 까닭'이 여기서 입증된 셈이지.

범식 그런 식으로 특별하게 만나지 않았다면 장량도 『태공병법』을 한두 번 읽고선 별 느낌을 못 받아 그냥 던져 놓았을 거라고 말하고 싶은 거지?

뭉술 그렇지. 특별한 만남이 아니었으면 장량에게 그 책은 그냥 그저 그런 한 권의 책에 지나지 않았을 거란 얘기지.

캐물 장량이 유방을 만난 것도 하늘의 뜻이라고 할 수 있잖아? 장량이 '경구'라는 초나라의 대리왕 밑으로 들어가려고 길을 가다가 유방을 만났으니까.

유방을 호종하며 위기를 돌파하다

범식   장량이 10년 동안 익히고 읊조린『태공병법』을 유방이 척척
       이해할 때, 장량에게 유방은 훌륭한 제자였기는 하지. 그래서
       장량이 유방과의 만남을 특별하게 여겼을 수도 있겠다.

뭉술   노인이 책을 건네주면서 "이 책을 읽으면 황제의 스승이 될
       수 있을 것이다"란 말도 했는걸 뭐.

캐물   "유방은 하늘이 낸 인물일 것이다"라고 장량이 말했을 때, 그
       의 가슴에는 '이 사람을 내가 황제로 만들 수도 있겠다'라는
       일말의 기대가 있지 않았을까?

패공(유방)**이 설현으로** 가서 항량 밑으로 들어갔다. 항량은 초나라 회왕을 세우고는 받들어 모셨다.

장량은 이에 항량을 설득하여 말했다.

"군君께서 이미 초나라 후예를 세우셨으니, 한韓나라의 공자들 중 현명한 횡양군橫陽君 한성韓成을 왕으로 세우시면 우군이 더욱 튼튼해질 것입니다."

항량이 장량에게 한성을 찾게 하여 그를 한韓나라 왕으로 세웠다. 그러고는 장량을 한나라 사도司徒(승상과 비슷한 지위)로 임명하고, 한나라 왕과 함께 천여 명의 군사를 거느리고 서쪽으로 가 한나라 원래의 땅을 공략하게 했다. 몇 개의 성을 되찾았지만 진秦나라가 번번이 그것을 다시 빼앗아, 한나라 군대는 영천潁川 땅에서 이리저리 옮겨 다니며 싸우는 처지가 되었다.

범식   장량이 드디어 소원을 성취했어! 할아버지와 아버지가 망해 먹은 한韓나라를 그의 손으로 다시 세웠잖아.

뭉술   한자까지 같은 한국韓國이어서 그런지, 장량이 조국을 다시 세운 게 남의 일 같지 않다.

캐물   나라가 망하자마자 자기 나라를 삼킨 진시황을 죽이기 위해 장량이 자객을 찾아 나선 지 14년 만에 철퇴를 던졌으나 실

패했고, 하비에서 노인을 만나 책을 얻은 뒤 그 책을 자기 것
으로 만들기 위해 10년 공부에 들어갔다가 유방과 항량을 만
나서 장량이 처음으로 한 일이 엎어진 자기 나라를 세우는
일이었구만!

뭉술   맞아. 장량의 첫 일이었어.

캐물   얼마쯤 걸렸지?

범식   30여 년! 그 세월 동안 '새긴 의지'와 '뿌린 땀'이 서원誓願을
이룬 거지.

캐물   30년이면 나라도 다시 세우는구나!

범식   유방에 대한 장량의 기대가 아주 컸던 건 아닌가 보지?

캐물   할아버지와 아버지의 잘못을 씻고자 하는 바람이 더 컸다고
할 수도 있지.

뭉술   그런데 장량의 한나라가 어째 비실비실하다. 땅을 되찾았다
가 다시 빼앗기잖아?

범식   장량의 공부가 아직 부족한가…….

캐물   그렇다기보다는 진나라의 힘이 아직도 강력해서 그런 것 아
닐까?

뭉술   썩어도 준치인 거지.

패공이 낙양雒陽**에서** 남쪽 환원산轘轅山(옛날 한나라 지역)으로 진출했다. 그때 장량은 군대를 거느리고 패공을 따랐는데, 한나라에 있던 진나라의 성읍을 열 남짓 무너뜨리고 양웅楊熊의 군대를 쳐부수었다. 그런 뒤, 패공은 한나라 왕 한성으로 하여금 남아서 한나라 수도였던 양책陽翟을 지키게 하고, 자신은 장량과 함께 남쪽으로 내려가 완현宛縣을 공략했다. 서쪽 무관武關으로 들어간 뒤, 패공은 병사 이만 명으로 진秦나라의 요관嶢關을 지키는 군대를 치려고 했다. 이에 장량이 설득했다.

"진나라 군대는 아직도 강하니 쉽게 여겨서는 안 됩니다. 제가 들으니, 그들의 장수는 도축업자의 자식이라고 합니다. 장사꾼은 돈이나 재물로 손쉽게 움직일 수 있습니다. 패공께서는 잠시 성벽에 머물러 계시고, 사람을 보내 먼저 오만 명의 식량을 갖추게 하고, 또 모든 산 위에 많은 깃발을 세워 거짓으로 병사가 많은 것처럼 꾸미게 하신 뒤, 역이기에게 많은 보물을 들려 보내 진나라 장수를 매수하십시오."

범식   샘! 환원산이 어딘데 그곳에서 유방과 장량이 다시 만났죠?
이샘   환원산은 장량의 나라인 한나라 지역에 있어요. 물론 진시황에게 뺏긴 곳이죠.

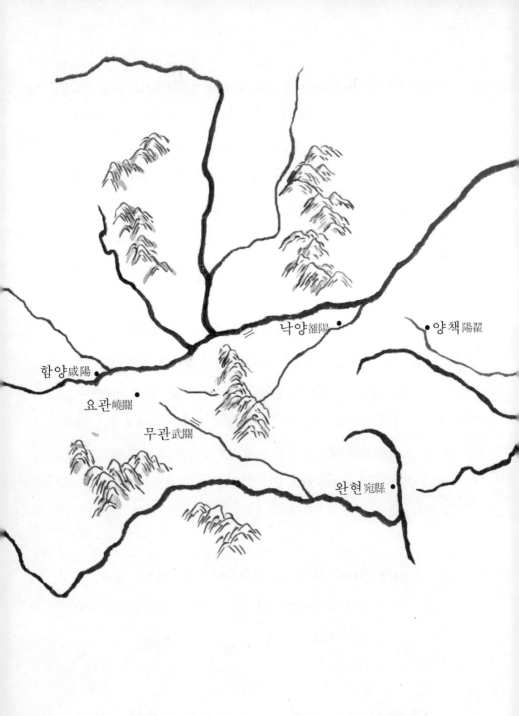

낙양雒陽
양책陽翟
함양咸陽
요관嶢關
무관武關
완현宛縣

캐물 유방이 진나라 성을 깨뜨리며 거기까지 온 거네.

뭉술 양책, 무관, 요관은 또 어디지?

범식 내가 지도책에서 찾아봤는데, 양책은 장량의 고국 한나라의 수도였고, 무관은 진시황이 통일하기 전에는 진·한·초의 접경 지역이었어. 요관은 진나라 도읍인 함양으로 들어가는 관문과 같은 곳이었고.

이샘 아주 좋아요! 특히 역사책을 볼 땐, 지도와 연표를 찾아보는 습관을 들이는 게 좋아요.

범식 한나라 왕에겐 한나라 지역에서 되찾은 성을 지키게 하고, 유방 자신은 장량과 함께 진나라 중심부로 쳐들어간 거네.

캐물 장량은 왜 유방과 함께 진나라로 진군한 거지?

뭉술 당연히 진나라를 멸망시키려고 그런 거겠지.

캐물 그건 유방이나 항우에게 맡기고 자신은 한나라를 지키며 재건하는 일에 몰두할 수도 있잖아.

뭉술 『태공병법』을 읽기 전엔 국가 경영에 필요한 예(禮)를 배웠지만, 『태공병법』을 읽은 뒤엔 군사 전략가로 변신했기 때문이지 않을까?

범식 진나라를 멸망시킨 뒤, 한나라의 확실한 지분을 요구하기 위해서 그랬을 수도 있어.

캐물   장량과 유방이 서로에게 끌렸을 수도 있잖아?

뭉술   그래, 첫 만남부터 둘은 죽이 잘 맞긴 했어.

범식   특히 장량에게 유방은 각별했지. "하늘이 낸 사람"이라고 여
      겼으니까.

캐물   진나라 수도인 함양이 눈앞에 보이자 유방이 급해졌는데!

뭉술   하지만 장량은 한숨 돌려야 한다며 군대를 세웠어.

범식   진나라 군대가 아직은 건재하다는 걸 알았기 때문일 거야.

캐물   한나라 지역에서 진나라 군대와 싸울 때 느낀 거겠지. 빼앗
      았다가도 다시 뺏기곤 했잖아?

뭉술   그것도 그것이지만, 수도 경비 사령부 격인 군대와 한판 붙
      어야 하니까.

범식   지금껏 싸웠던 군대와는 다른 군대, 정예병이라는 거지?

캐물   그에 걸맞은 준비를 해야지. 장량이 찾아낸 약점은 그 군대
      를 거느리는 장수가 '장사꾼의 자식'이라는 거야. 장사꾼은
      돈으로 매수하기가 쉽다는 거지.

범식   돈을 아무리 좋아하기로서니 나라를 팔아먹을까?

캐물   장사꾼을 이끄는 것은 의로움이 아니야. 모두가 다 그런 건
      아니겠지만 대개는 이로움에 끌려다녀.

범식   장수가 매수를 당해 장수와 병사의 결속이 끊어지면 싸우나

마나겠지?

캐물 『삼략』에 "적의 위아래가 단결되어 있으면 모략으로 위아래
　　　를 떼어 놓아야 한다"는 말이 있는데, 장량이 여기서 그것을
　　　써먹은 거야.

범식 노인이 준 책을 장량이 제대로 익혔구만!

뭉술 매수만으로도 충분했을 텐데 뭐 하러 산마다 수많은 깃발을
　　　꽂고, 또 거짓으로 군대의 진을 치지?

캐물 장사꾼 자식을 꼬드기기 위해서지. 이쪽에 붙는 게 유리하다
　　　는 생각을 하게 한 거지.

범식 상인은 늘 잽싸게 계산하지. 어느 쪽으로 붙는 게 이로운지
　　　를 계산하는 게 체질이니까.

　　과연, 진나라 장수가 진나라를 배반하고 패공(유방)과 함께 서
쪽으로 가 진나라 수도인 함양을 습격하고 싶다고 알려 왔다. 패공이
그의 의견을 따르려고 했다.

　　장량이 말했다.

　　"진나라의 그 장수가 배반을 약속한 것뿐입니다. 장교와 병졸들이
따르지 않을까 두렵습니다. 그들이 따르지 않으면 반드시 위험하게
되니, 장수와 병사의 결속이 느슨해진 이 틈을 타서 공격하는 것만

못합니다."

이에 패공이 군사를 이끌고 진나라 군대를 공격해 크게 쳐부수고, 패잔병을 뒤쫓아 북쪽으로 남전에 이르러 다시 치니 진나라 군대는 결국 패하고 말았다. 드디어 패공이 함양에 이르니, 진나라 왕 자영子嬰이 그에게 항복했다.

뭉술   장량의 말처럼 장사꾼의 자식이 정말로 이익을 좇았어.

캐물   수도 경비 사령부가 졸지에 매물로 나왔구나. 얼마에 그 물건을 넘겼을까?

뭉술   뇌물 정도에 만족할 사람이 아니지.

범식   당연하지. 언제나 최대의 이익을 노리는 게 장사꾼이니까. 자기가 지키던 수도를 함께 치러 가자고 유방에게 제안까지 했어. 이 기회에 한몫·단단히 챙기겠다는 심사인 거지.

뭉술   유방은 그 장수와 함께 진나라 수도를 치려고 하는데, 장량이 또 반대하는데?

캐물   장교와 병졸들이 그 장수 말을 안 들을지 모른다는 건데, 그들이 장수의 말을 거역할 수 있을까?

범식   가능하지. 장사꾼의 자식에겐 돈밖에 보이지 않지만, 다른 사람들에겐 자기 가족도 눈에 밟히고, 친척도 보이고, 친구도

어른거리잖아?

캐물 장수가 매수를 당해 장수와 병사의 결속이 끊어진 틈을 타서 그냥 짓밟아 버리자고 장량이 말한 게 순전히 병사들이 장수의 말을 듣지 않을 거라는 걱정 때문이었을까? 뇌물을 먹고 수도의 관문을 내준 장수와는 일을 도모할 수 없다고 생각해서 그런 건 아닐까?

뭉술 한 번 뇌물 먹은 놈은 또 뇌물을 먹을 테니까.

범식 오로지 돈만 밝히는 사람과는 함께 일을 할 수 없어. 이익 때문에 유방에게도 반기를 들 테니까.

뭉술 게다가 수도 경비 사령부가 무너지면, 수도가 무너지는 것은 시간문제잖아. 굳이 믿을 수 없는 놈의 힘을 빌릴 필요가 없지.

범식 어쨌건 유방이 장량의 가르침을 잘 따르고 있어.

캐물 그렇게 해서, 마침내 진시황이 세운 나라가 땅속으로 들어가 역사의 유물이 되었고.

뭉술 철퇴로 못 부수었던 진시황의 수레를 책으로 부순 거지, 장량이!

패공이 진나라 궁으로 들어가, 궁전·휘장·개와 말·보물·여자

등이 수천을 헤아릴 정도로 많은 것을 보고 마음속으로 그곳에 살고 싶어 했다. 번쾌樊噲가 패공에게 간언해 궁을 나가자고 했다. 패공은 듣지 않았다.

장량이 말했다.

"진나라가 무도했기에 패공께서 여기에 이르게 된 것입니다. 천하를 위해 잔혹한 도적놈을 없앤 것이니 마땅히 검소함을 근본으로 삼아야 합니다. 그런데 진나라에 들어온 지금 진시황이 즐겼던 그 즐거움에 편안함을 느끼신다면 이는 '걸桀(중국 역사에서 포악한 왕의 대명사)을 도와 포학한 짓을 하는 것'과 다름없습니다. 또 '충성스런 말은 귀에 거슬리지만 행실에 좋고, 독한 약은 입에 쓰지만 병에 좋다'라고 했습니다. 패공께서 번쾌의 말을 따르시길 바랍니다."

이에 패공은 패상霸上으로 군대를 돌렸다.

뭉술   유방의 눈이 휘둥그레졌는데?

범식   생전 보지도 못한 것들이 눈앞에 으리으리하게 펼쳐져 있으니 별 수 있겠어.

캐물   번쾌는 누구지? 이런 화려한 궁을 놔두고 유방에게 빨리 나가자고 하는 사람은 어떤 사람일까?

이샘   개 잡는 일을 하던 사람이에요. 홍문에서 유방을 항우로부터 지켜낸 게 번쾌인데, 진정한 무장이죠. 「번쾌·역상·하후영·관영」 열전에 나오니까 한번 찾아보세요.

뭉술 개 잡는 일을 하던 사람의 말을 유방이 들을 리 없지.

범식 그것도 그것이지만, 유방 앞에 있는 게 너무도 대단한 것들이라 마음이 거기에 꽉 묶이지 않았을까?

캐물 그럴 수도 있지만, 다짜고짜 '궁을 나가자'고 해서 그랬을 수도 있어.

뭉술 번쾌는 왜 논리를 갖춰 설득하지 않지?

범식 개만 잡던 사람이 말을 조리 있게 할 순 없잖아. 사마천의 붓 끝이 여기서도 꽃을 피우고 있는 셈이지.

캐물 개만 잡던 사람이라고 통찰력과 지혜도 없는 건 아니라고 사마천은 말하고 싶었던 거지. '번쾌의 논리 없는 말'을 실어서 그 효과가 나타나게 했어.

범식 장량도 번쾌의 말을 듣고서야 정신이 번쩍 들어 이 판국을 어떻게 해야 하는지 그림이 그려졌으니까. 사마천은 번쾌를 드러내지 않으면서 드러냈다고 할 수 있겠다.

뭉술 장량이 통찰력은 있지만 그것을 말로 만들어 내지 못하는 사람의 입이 되어 준 셈이네.

범식 이것이 지식인이 해야 할 몫 중 큰 부분이라는 생각이 들어.

캐물   장량이 유방에게 금은보화에 휘둘리지 말고 검소하라고 했
는데, 강태공이 주나라 문왕에게 군주가 현명하지 못하면 나
라가 위태로워진다면서 요임금이 금은보화를 어떻게 대했는
가를 새겨 주는 장면이 『육도』에 있어.

"요임금이 천하를 다스릴 때에는 자신을 위하여 금은과 주
옥으로 몸을 치장하지 않았고, 수놓은 비단이나 무늬를 새긴
고운 옷을 입지 않았으며, 신기하고 이상한 물건을 보지 않
았고, 장난감이나 골동품을 아름다운 보배로 여기지 않았으
며, 음탕한 음악 따위는 듣지 않았습니다."

뭉술   진나라를 멸망시킨 지금 사람들의 마음을 얻어 천하에 나아
가는 것이 중요하잖아? 이에 대해서도 강태공이 주나라 문왕
에게 말해 주는 장면이 『육도』에 있어.

"천하는 군주 한 사람의 천하가 아니며, 만백성의 천하입니
다. 천하의 이익을 백성들과 더불어 나누는 군주는 천하를
얻고, 이와 달리 천하의 이익을 독차지하려는 군주는 반드시
천하를 잃게 됩니다."

"군주가 백성들에게서 아무 것도 빼앗지 않는다면, 백성의 마음을 얻게 되고 모든 백성들이 그를 이롭게 해 줄 것입니다. 군주가 한나라의 이익을 독차지하려 하지 않는다면, 한 나라의 백성들이 모두 힘을 합쳐서 그를 이롭게 해 줄 것입니다."

범식 장량이 유방에게 한 말과 딱 맞아떨어지는 것은 아니지만, 군주가 금은보화와 이익을 대하는 자세가 어떠해야 하는가를 장량이 그 책에서 배워 유방을 이끈 거란 생각이 든다.

이샘 아주 좋아요. 샘도 재미있는 걸 하나 알려줄게요. 번쾌가 유방을 설득하는 판본도 있는데, 다음이 바로 그거예요.

"번쾌가 말했다. '패공(유방)께서는 천하를 가지시렵니까, 갑부 할아버지가 되시렵니까?' 패공이 말했다. '내 천하를 가지고 싶지.'
번쾌가 말했다. '신이 진나라 궁전에 들어와서 보니 휘장·보물·옥과 수천 명의 여인들이 있습니다. 이것이 바로 진나라가 천하를 망하게 한 것들입니다. 패공께서는 시급히 패상으로 돌아가시기를 바랍니다. 궁 안에 머물러서는 안 됩니다."

캐물   개만 잡던 사람의 말이라기엔 너무 번지르르한데? 없는 편이
      훨씬 사실적이고 느낌도 더 깊게 스며든다고 나는 생각해.

뭉술   이런 걸 사족蛇足(재주 있는 체하려고, 있지도 않은 뱀의 다리를 그
      렸다는 고사성어)이라 하지.

범식   둘을 함께 놓고 견주어 보니까, 사마천과 일반적인 글쟁이가
      어떻게 다른가가 확 느껴지네.

캐물   장량의 말 중에 이해 안 되는 게 있어. 진나라 왕 자영을 잔혹
      하다고 한 것은 이해되는데, 도적놈이라고 한 건 좀 그래.

뭉술   나쁜 놈이라는 소리겠지.

범식   유방의 눈을 휘둥그레하게 했던 것들이 다 백성들에게서 훔
      친 거라고 할 수 있잖아. 그러니까 도적놈이 맞지!

이샘   도적놈이기도 하고 나쁜 놈이기도 하겠지요. 하지만 "잔혹
      한 도적놈"이란 말은 족보가 있어요. 그건 『맹자』에 나오는
      말이에요. "신하가 임금을 죽여도 되나"고 묻는 제선왕의 말
      에, 맹자가 "인仁을 해친 자를 도적놈이라 하고, 올바름[義]을
      해친 자를 잔혹한 놈이라 합니다. 잔혹한 도적놈을 죽였다는
      소리는 들었어도 임금을 죽였다는 소리는 듣지 못했습니다"
      라며 제선왕의 간담을 서늘하게 했던 말이에요. 인정仁政을
      베풀라고 왕의 자리에 앉혔는데 인정을 베풀지 않는 것은 왕

의 자리를 훔친 것이나 다름없다는 소리이지요.

뭉술 장량이 『맹자』를 읽고 문자를 쓴 거구나.

범식 샘, "충성스러운 말은 귀에 거슬리지만 행실에 좋고, 독한 약
은 입에 쓰지만 병에는 좋다"란 말은 어디에 실려 있나요?

이샘 『공자가어』에 실려 있어요.

범식 장량이 공자와 맹자를 열심히 공부했나 봐.

항우가 홍문鴻門 아래에 이르렀다. 그가 패공을 치려고 하자, 항
백(항우의 숙부)이 밤중에 패공의 군영으로 말 타고 들어와 장량을 몰
래 만나 함께 달아나자고 했다.

장량이 말했다.

"저는 한왕韓王을 위하여 패공을 호종하고 있습니다. 일이 급박하
다고 하여 달아나는 것은 올바르지 못합니다."

그러고는 그 모든 것을 패공에게 알렸다.

패공이 깜짝 놀라서 물었다.

"앞으로 어떻게 해야겠소?"

장량이 말했다.

"패공께서는 진정 항우를 배신할 생각이십니까?"

패공이 말했다.

"어떤 놈이 나더러 함곡관을 막고 다른 제후의 군대를 받아들이지 않기만 하면 진나라 땅으로도 [천하의] 왕이 될 수 있다고 했소. 그래서 내 그 말을 들은 것이오."

장량이 말했다.

"패공께서는 항우를 물리칠 수 있다고 생각하십니까?"

패공은 입을 닫고 한참 동안 있다가 말했다.

"불가능하지! 이제 어찌 해야겠소?"

캐물   항백이 나왔어! 장량이 하비 지역에서 『태공병법』을 공부할 때 만났잖아?

뭉술   맞아. 그때 밑도 끝도 없이 항백 얘기가 나왔었지.

범식   사람을 죽이고 도망쳐 온 항백을 장량이 협객으로 있으면서 숨겨 주었다고 했어.

뭉술   항백이 장량에게 같이 도망가자고 하는 이유가 뭐지?

범식   유방이 함곡관을 막고선 항우에게 못 들어오게 하자, 그렇지 않아도 함양을 먼저 점령한 유방에게 화가 나 있던 항우가 다음 날 유방을 치겠다고 말했거든.

뭉술   이번에는 항백이 장량의 목숨을 구하여, 옛날에 장량이 자신에게 베푼 은혜를 갚겠다는 거네.

캐물 그런 셈이지. 하지만 항백은 항우의 숙부잖아. 그런데도 항우
      군의 기밀을 누설할까?

뭉술 기밀을 누설하려고 한 건 아니지. 몰래 장량을 만나 그와 함
      께 도망가겠다는 생각뿐이었을 거야.

범식 난관이 앞에 놓여 있다고 자기 나라를 배신할 장량이 아니지.

뭉술 엄밀히 따지면 장량의 나라가 아니라 유방의 나라를 배신하
      는 거지.

범식 장량은 자기 조국인 한韓나라의 왕을 위해 유방을 호종한다
      고 분명히 말했어.

캐물 전국시대 때 보면 다른 나라에 가서 재상 노릇하며 자기 조
      국을 침략하는 사람이 많던데, 장량은 좀 다른걸!

범식 할아버지와 아버지의 죄과를 씻어내야 한다는 책임감 때문
      이겠지. 그의 가계를 사마천이 그냥 밝힌 게 아니야.

캐물 장량이 '의'를 높이 치는 인간이라는 것은 유방에게 "진정 항
      우를 배신할 생각이십니까?"라고 묻는 말에도 잘 나타나.

뭉술 장량이 아직은 유방 편에 선 게 아니라서?

범식 특별히 항우를 반대해야 할 이유가 장량에겐 아직 없기도 하
      지만, 항우와 유방은 진나라를 함께 물리친 동지라고 생각한
      거지.

뭉술 그래서 유방에게 '배신'이란 말을 쓴 건가?

캐물 장량이 의義를 내세워 항백을 설득한 것은 장량 자신이 의를
    추구하는 인간이기도 해서였겠지만, 항백을 설득하기 위한
    유력한 수단이기도 했기 때문이라는 생각이 들어.

범식 항백도 '의'를 중시하는 인간이긴 하지. 옛 은혜를 갚기 위해
    조카인 항우를 떠나 장량에게 함께 도망가자고 한 걸 보면
    항백은 의리의 사나이라고 할 수 있어.

범식 장량이 '의'를 지키기 위해 도망가지 못하겠다고 하면 '의리
    의 사나이' 항백에게 말이 더 잘 먹히기는 했겠다.

뭉술 장량이 항백의 그런 성품까지 감안하고서 항백을 설득했다
    고 보는 게 옳겠지.

캐물 장량이니까!

  이에 장량은 한사코 항백에게 패공을 만나자고 했다. 항백이 와
서 패공을 만났다. 패공은 그와 함께 술을 마시며 축수하고 혼인을
맺기로 약조했다.
  장량은 항백에게 '패공은 항우를 감히 배반하지 않았으며 함곡관
을 지킨 것은 다른 도적들을 막기 위한 것이었다'라고 항우에게 말해
달라고 부탁했다.

캐물   항백을 만난 유방의 모습을 보면, 유방이 사람을 다루는 데
      능수능란하다는 생각이 들지 않니?

뭉술   술을 대접하고 오래 살라는 덕담 정도는 누구나 할 수 있는
      거 아냐?

캐물   그것뿐이라면 내가 그런 소리 안 하지. 혼인까지 약속해 두
      집안을 묶었으니까 그렇지. 자기를 보호해야 할 순간을 아는
      데에 유방은 거의 본능적이라는 생각이 들어.

범식   항백과 항우가 사돈으로 맺어졌다는 것은, 항우와 유방이 인
      척 관계로 묶이게 되었다는 소리잖아.

이샘   그래요.「항우본기」에 보면 다른 내용도 나오는데, 유방이 장
      량과 항백 중 누가 더 나이가 많냐고 물어요. 항백이 더 많다
      고 하자, 유방이 '그럼 항백을 형님으로 섬기겠다'고 말하죠.
      유방의 뛰어난 사교성과 자기 보호라 할 수 있죠.

캐물   장량의 머리 돌아가는 것은 또 어떻고. 유방이 관문을 막았
      던 것은 도적을 막으려던 것일뿐이었다고 둘러댔잖아. 마치
      항우를 위해 유방이 함양에 들어온 것처럼 둘러댔을 뿐 아니
      라, 함양에 있는 보물을 항우에게 몽땅 주겠다는 소리이지.
      항우가 욕심과 허영심이 많다는 걸 알고 그것을 채워 준 거
      라고 봐야지.

범식 적국이 강할 때 그 군주가 좋아하는 것을 우선 채워 주라는
      말이 『육도』에 있어.

      "모략으로 적을 정벌하는 방법은 모두 열두 가지가 있습니
      다. 첫째, 적국의 군주가 좋아하고 바라는 대로 이루어지도록
      하여, 그의 뜻을 맞춰 줍니다. 이렇게 하면 교만한 마음이 생
      겨 마음대로 나쁜 짓을 하게 될 것입니다. 적국 군주의 기호
      를 잘 이용할 수 있으면 반드시 그를 제거할 수 있습니다."

뭉술 항우의 욕심과 허영심이 채워져서 유방 측에 좋은 일이 있
      었나?
이샘 이 일 뒤에 항우가 진나라 도읍인 함양성에 들어와 자기 맘껏
      약탈하고, 살육하고, 불을 질렀죠. 그전엔 항복한 진나라 병
      사 수십만을 항우가 산 채로 묻어 버린 일이 있었는데, 그 일
      에다가 수도 약탈까지 합쳐져 항우는 완전히 진나라 유민들
      로부터 민심을 잃었어요. 반대로 유방은 장량의 말을 잘 들어
      서 이 지역의 민심을 얻어 나중에 항우와 전쟁을 치를 때 이
      지역이 유방의 강력한 후방 기지 역할을 했고요. 유방이 항우
      에게 그렇게 많이 패했으면서도 계속 항우와 싸울 수 있었던

건 이곳에서 끊임없이 병사와 군량미를 대 줬기 때문이에요.

뭉술 장량의 이 한 수로 판세가 결정된 셈이네.

이샘 아직 초반이기는 하지만 유방에게 큰 가능성을 남겨 준 수였
      다고 할 수 있죠.

캐물 항우가 큰 것 하나 물었구만, 미끼였지만.

뭉술 미끼치고 먹음직스럽지 않은 게 없지!

범식 장량, 낚시하다 천하를 낚은 강태공의 전략을 배운 사람답다.

캐물 위기를 벗어나는 수를 두면서도, 적에게 나쁜 수를 두도록
      유도까지 한다는 게 놀라워.

범식 '자기가 가진 것을 몽땅 다 내줄 때 더 크게 얻을 수 있다'
      는 장량의 가르침을 유방이 군말 없이 따른 게 나에겐 더
      놀라워.

뭉술 유방이 워낙 큰일을 저질러 놨잖아? 장량의 가르침을 안 따
      르면 항우에게 죽게 생겼는걸 뭐.

나중에 패공이 항우를 만나 두 사람은 화해를 했는데, 그 이야
기는 「항우 본기項羽本紀」에 있다.

이샘 사마천이 말한 대로, 이 이야기는 「항우 본기」에 자세히 나

와 있어요. 여기 나온 것처럼 간단히 끝나지는 않아요. 항백이 돌아가서 항우를 설득해 술잔치가 벌어지는데, 그 자리에서 항우 측 칼끝이 유방을 몇 번이나 겨냥하지요. 이 절체절명의 위기에서 항백·장량·번쾌가 합심해 유방을 구출해요. 『사기』에 명장면이 많이 있지만 특히 이 장면. 즉 '홍문의 연회'가 백미로 꼽히지요.

뭉술   장량이 일러 준 대로 항량이 항우에게 말했나 보죠?

이샘   옙. 거기에 더해 유방이 진나라를 무너뜨린 공을 인정해 주는 게 의로운 일이라며 유방한테 잘해 주라고 한술 더 뜨죠.

범식   그래서 홍문에서 연회가 이루어진 거군요?

이샘   예. 바로 다음 날, 칼 대신에 술잔을 쥐게 되었죠.

캐물   장량처럼 사태를 꿰뚫어 보는 눈이 항우 측엔 없었나 보죠?

뭉술   범증이 있지 않나요? 그는 뭐했죠?

이샘   그도 연회에 참석했어요. 하지만 그에겐 딴 뜻이 있었죠. 술자리가 벌어지자, 그는 항우에게 여러 번 눈짓을 하고 심지어는 '결단'을 의미하는 옥을 세 번이나 들어 올리지만 항우가 모른 체해요. 그러자 밖으로 나가 항우의 사촌 동생인 항장을 데리고 들어와요. 항장은 범증이 일러 준 대로 항우에게 "군왕께서 패공과 술자리를 가졌는데 군중軍中이라 음악

이 없으니 칼춤이라도 추게 해 주십시오"라고 요청하죠.

뭉술 칼춤이 칼바람이 되겠구먼!

범식 이번에는 항우가 승낙을 하나요?

이샘 옙. 그래서 항장이 칼춤을 추죠.

캐물 항우 집안의 칼춤을 당해낼 리는 없을 테니, 이제 항장의 칼춤이 피바람을 일으키는 일만 남았구먼.

이샘 그렇겠죠? 하지만 유방 측에도 항우 집안사람이 한 명 있었다고 할 수 있어요. 장량에게 목숨을 빚졌던 항백이 바로 그 사람이지요. 그가 벌떡 일어나 항장의 칼춤에 맞춰 그도 칼춤을 추었죠. 항장이 유방을 교묘히 찌르려 했지만, 그때마다 항백이 슬쩍슬쩍 막아냈죠. 그 사이 장량은 밖에 나가 번쾌를 데리고 들어왔어요.

범식 전직이 백정이었던 번쾌 말이죠?

캐물 유방이 진시황의 궁전에 넋을 빼앗겼을 때, 유방을 호통친 사람이기도 하지.

뭉술 번쾌가 들어오자 어떻게 되었죠?

이샘 우락부락한 놈이 갑자기 들어오자 찬바람이 휙 돌았죠. 그 바람에 칼춤은 멈추고, 항우는 칼을 쥔 채 번쾌에게 "장사이니 술을 내리겠다"라고 할 수밖에 없었어요. 번쾌는 선 채로

술과 고기를 받아먹고 항우에게 일장 연설을 하죠. 그러자 머쓱해진 항우가 "앉으라[坐]"라고 하죠. 그 말을 받아, 사마천은 의미심장한 글귀를 바로 써 놓았어요. "번쾌는 장량을 따라 앉았다[樊噲從良坐]."

뭉술 장량도 서 있었다는 소리네요.

범식 번쾌의 행동과 말이 장량의 지시를 받아 이루어진 거란 소린가?

캐물 그런 의도로 사마천이 그 말을 써 놨다고 봐야지.

이샘 중국의 저명한 학자인 왕리췬도 『항우강의』에서 그렇게 말했어요.

캐물 하지만 아직도 유방은 범의 굴속에 잡혀 있는 거잖아요.

이샘 그래서 장량과 번쾌가 앉자마자 유방이 화장실에 간다며 일어섰어요. 번쾌도 데리고 나갔는데, 자리를 피하려는 거였죠.

뭉술 저승을 갔다 왔으니, 오줌이 마렵기도 했겠는데!

이샘 오줌을 싼 뒤 말했는지는 모르겠지만, 유방은 장량에게 뒷일을 부탁하고 자기 군사들도 거기에 둔 채 번쾌와 하우영, 그리고 두 명만 더 대동한 채 항우의 군영에서 몰래 빠져나가요.

범식 장량이 뒷수습을 잘했나요?

鴻門鬥智

이샘   유방이 장량에게 뒷일을 부탁할 때, 장량은 항우에게 주려고 가져온 선물은 두고 가라고 유방에게 말했어요. 진귀한 옥이 있었는데, 그것을 바치며 부드러우면서도 단호하게 "패공은 이미 패공 군영에 도착했습니다"라며 오늘 일은 끝났다는 것을 분명히 알려 그 자리를 정리했어요.

캐물   항우가 선물 공세에 넘어갔나 보죠?

범식   이미 유방이 자신의 진영에 들어갔다는데 어쩌겠어.

뭉술   장량이라도 처형해야지.

범식   그래 봤자 고작 깃털을 뽑는 거잖아. 몸통이 그대로 있는데 그게 무슨 소용이겠어.

뭉술   깃털이 아니라 날개겠지!

범식   깃털이든 날개든, 장량을 죽일 명분이 없잖아.

캐물   항복한 군대 수십만을 생매장도 했던 항우인데, 명분이 대수 겠어? 선물로 바친 진귀한 옥에 눈이 멀었던 걸꺼야.

이샘   이런 논란이 있을 거라는 걸 사마천도 미리 알았는지, 장량이 항우와 범증에게 각각 준 선물의 운명을 정확히 대비시켜 이 논란에 대한 해답을 제시해요.

뭉술   범증에게도 선물 공세를 폈나 보죠? 사마천이 뭐라고 썼죠?

이샘   "항우는 백옥을 받아 상 위에 놓았고[置之坐上], 범증은 옥두를 받아 땅바닥에 팽개치곤[置之地] 칼을 뽑아 그것을 쪼개 버렸다."

범식　유방은 옛 진나라 땅을 욕심내다가 저승에 갈 뻔했지만, 항우는 그깟 백옥에 마음을 뺏겨 대사를 그르친 거네.

뭉술　항우가 쪼잔하긴 하지만, 유방도 장량이 아니었으면 그날이 제삿날이었겠지.

캐물　제사 지내 줄 사람이나 남았겠어? 항우에게 다 도륙을 당했겠지.

뭉술　장량이 아니었으면 『초한지』라는 책 자체가 없었겠는데?

범식　이때는 유방이 아직 한왕漢王도 아니었을 때니까, 말이 되네.

이샘　초·한 전쟁의 결과에 따른다면 홍문연회가 항우에게 뼈아팠던 것은 맞지만, 어쨌거나 홍문연회에서 유방이 항우에게 꼬리를 내렸기 때문에 그 이후엔 항우가 중국 전체의 실권을 장악했어요. 그래서 진나라 땅을 나누는 칼자루를 항우가 쥐었고요. 항우가 유방을 어떻게 대했나를 보죠.

　한漢**나라 원년** 정월, 패공은 한왕漢王이 되어 파巴와 촉蜀에서 왕 노릇 했다. 한왕이 장량에게 황금 일백 일鎰과 진주 두 말을 내려 주었는데, 장량은 그것을 항백에게 모두 바쳤다. 그러자 한왕도 장량을 통해 많은 재물을 항백에게 주어, 한중漢中 땅을 항왕(항우)에게 부탁하게 했다. 항왕이 이를 허락하여 마침내 한중 땅을 얻게 되었다. 한왕이 자신의 봉국으로 가자, 장량은 그를 배웅하여 포중褒中까지 갔다. 한왕이 장량을 한韓나라로 돌아가게 하자, 장량이 한왕을 설득하여 말했다.

"대왕께서는 어찌, 지나는 곳의 잔도棧道를 태워 천하 사람들에게 동쪽으로 돌아올 뜻이 없음을 보여 주고 그것으로 항왕이 마음을 놓게 만들지 않습니까?"

그러자 한왕은 장량을 한韓나라로 돌려보내고, 자신은 나아가면서 잔도를 건널 때마다 지나온 잔도를 태워 끊었다.

장량이 한韓나라에 돌아왔다. 그런데 항왕(항우)은, 한왕韓王 성成의 부하인 장량이 한왕漢王 유방을 따라갔다는 이유를 들어, 한왕韓王 성을 그 봉국으로 돌아가지 못하게 했다. 대신에 항왕 자신과 함께 동쪽으로 데려가려고 했다.

장량이 항왕을 설득했다.

"한왕漢王이 잔도를 태우고 끊은 것은 돌아올 마음이 없어서입니다."

그러고서 장량은 제나라 왕 전영田榮이 모반했다며 항왕에게 글을 올렸다. 이 때문에, 항왕은 서쪽의 한왕漢王을 걱정하는 마음을 없애고 군대를 일으켜 북쪽으로 제나라를 치러 갔다. 그러면서도 항왕은 끝까지 한왕韓王을 봉국으로 돌려보내지 않았고, 다시 후侯에 봉했다가 끝내 팽성에서 죽였다. 장량은 달아나서 샛길로 한왕漢王 유방에게 돌아갔다.

캐물   파巴와 촉蜀 지역은 중국의 서남쪽 후미진 곳이잖아? 그런데 유방은 왜 그곳의 왕이 된 거지?

뭉술   땅을 분배했던 항우가 유방을 그곳에 처박아 둔 거지.

범식   그래도 유방은 불만을 표시할 수 없어. 유방이 황우를 함곡관에 못 들어오게 했다가 홍문에서 항우에게 죽을 뻔했는데, 항백의 도움으로 그 고비를 겨우 넘겼잖아.

뭉술   이런 상황에서 불만을 나타낼 유방이 아니지.

범식   상황이 이런데도 장량과 유방은 항백에게 뇌물을 써서 한중 땅을 항우에게서 받아내고 있어.

캐물   그런데 항우조차도 장량의 능력을 높이 쳤나 보지?

범식   그러게. 한왕韓王을 한나라로 보내지 않고 자기가 데리고 다니겠다니, 장량을 거느린 한왕韓王이 두려워서였을까?

캐물   그때 유방을 죽였어야 했는데, 장량의 꾀로 인해 유방을 죽이지 못했다는 뒤늦은 생각 때문이 아니었을까? 범식 아니, 장량을 두려워했던 것 같아. 서쪽에 처박힌 유방에 대해선 경계심을 풀면서도, 끝내 장량의 주군인 한왕韓王을 한나라로 보내지 않다가 결국엔 죽였잖아.

뭉술 　장량이 두려웠으면 장량을 죽여야지.

캐물 　자기가 거두어 쓰려고 했던 게 아닐까?

이샘 　생각해 볼 만한 얘깃거리네요. 그런 의문을 갖되, 「항우 본기」에선 한왕韓王이 진나라를 멸망시키는 데 공적이 없어서 그랬다고 말했다는 것만 알려 드릴게요.

뭉술 　공적이 없는 사람을 왜 왕으로 임명했지? 앞뒤가 안 맞아.

범식 　항우의 성격이 그런 것 아니겠어? 자기 감정대로 일을 처리하는 성격 말이야.

캐물 　장량이 유방에게 "지나는 곳의 잔도를 태워 천하 사람들에게 동쪽으로 돌아올 뜻이 없음을 보여 주고, 그것으로 항왕이 마음을 놓게 만들"라고 했잖아? 여기에 어떤 의도가 있는 거지?

뭉술 　『육도』에 보면 "천하의 대세가 모두 적국에게 기운 것처럼 보이게 해 줍니다. 적국의 군주는 그의 명령에 절대 복종하는 것처럼 보이면 우리를 믿게 됩니다"라는 구절이 있는데, 항우로 하여금 판이 끝났다고 믿게 하려는 거지.

범식   그것을 믿고 동쪽으로 간 항우는 정말 단순한 인간이다.

캐물   떠나면서까지 장량은 유방을 가르쳐 인도하는구나. 지금은
       은인자중하며 실력을 기를 때라고.

뭉술   장량 자신도 진시황 저격에 실패하고 노인을 만난 뒤 했던
       일이잖아?

이샘   은나라 주왕에게 미움을 받아 유리라는 곳에 갇혀 있던 문왕
       을 빼 오기 위해, 강태공이 진귀한 보물과 예쁜 여인을 은나
       라 주왕에게 보내 일을 성사시킨 뒤 문왕에게 도광양회韜光養
       晦, 즉 은인자중하며 실력을 기르게 했던 일이 있어요. 노인
       에게서 받은 책으로 강태공의 계책을 배운 장량이 이번엔 그
       것으로 유방을 가르쳤다고 할 수 있겠죠.

범식   샘! '도광양회'가 무슨 뜻이죠?

이샘   우리가 인용했던 『육도六韜』라는 책 제목의 '도' 자가 도광양
       회의 '도'와 같은 글자로, 칼집에 칼날을 숨긴다는 뜻이죠. 하
       지만 '도광양회'란 말은 『삼국지연의』에서 조조가 처음 했어
       요, '칼날에서 나오는 빛을 칼집에 숨기고 어둠 속에서 실력
       을 기른다'는 뜻이지요.
       1980년대 중국의 덩샤오핑이 미국에 대한 태도로 이 말을 써
       서 널리 알려지게 되었지요. '도광양회'의 전략은 강태공에

게서 장량과 조조를 거쳐 현대 중국에까지 이어 내려오고 있는 셈인 거죠.

캐물　외교적인 전략을, 제나라 전통과 고전에 있는 한마디 말로 표현할 수 있다는 게 놀랍고 부럽다.

이샘　덩샤오핑을 이었던 장쩌민은 중국의 실력을 이제는 밖으로 슬쩍 드러낼 때가 되었다고 해서 '유소작위有所作爲'를, 후진 타오는 중국을 우뚝 드러나게 하되 주변국의 질시를 받지 않게 하겠다는 뜻으로 '화평굴기和平屈起'를, 시진핑은 중국이 이제 주도적으로 세계의 일을 감당하겠다는 자신감을 피력해 '주동작위主動作爲'를 외교 정책의 줏대로 내세웠다는 것도 알려 주고 싶네요.

영포, 팽월, 한신과 합하여
항우를 포위하라

한왕漢王 **유방은** 이미 함양 지역으로 돌아와 삼진三秦을 평정한 뒤였다. 한왕은 장량을 성신후成信侯로 봉하고, 동쪽으로 초나라를 공격하면서 장량을 따르게 했다. 그러나 팽성에서 한나라 군대는 패하여 돌아왔다.

하읍에 이르러, 한왕이 말에서 내려 말안장에 기댄 채 물었다.

"내가 함곡관 동쪽 등을 포기하고 떼어내 주고자 하는데, 누가 나와 함께 천하를 공략할 공을 세우겠소?"

범식   장량과 유방이 다시 만나게 되었네.

뭉술   장량의 새로운 원수 항우가 그렇게 만든 셈이지.

캐물   그때 마침 유방도 항우에게 반기를 들고, 옛 진나라의 중심
        지이자 자기가 정벌했던 함양 지역[삼진三秦]으로 다시 진출
        한 상태였으니 둘의 궁합이 찰떡인데?

캐물   사마천 역시 그것을 강조하고 싶었나 봐. 장량이 유방에게
        돌아왔을 때, 유방 역시 이미 함양 지역으로 돌아왔다며 '역
        시'란 말을 써 놓았어.

범식   그것을 만든 게 항우나 다름없다는 게 아이러니하지.

뭉술   따지고 보면 한신이 유방에게 붙은 것도 항우 때문이잖아?

캐물   나중에 항우가 유방에게 패해 스스로 목숨을 끊게 되는 일이
        이때 '이미' 결정된 셈이네.

범식   항우 자신에 의해서!

뭉술   그렇지만 장량과 유방이 다시 만난 뒤 첫 전투에서 항우에게
        깨졌는데?

범식   유방이 땅을 나누겠다고 한 것으로 보아 팽성 패배가 꽤 심
        각했나 봐.

캐물   그래, 다른 사람도 아닌 유방이 자기 땅을 떼어내 주겠다고
        말하는 걸로 봐서는 웬만큼 깨진 게 아닌가 보네.

범식   샘! 팽성 전투가 어땠나요?

이샘   이 부분은 「항우 본기」와 「고조 본기」에 자세히 나오는데, 유방의 군대가 두 번에 걸쳐 10만 명씩 강에 빠져 죽어서 강물이 흐르지 않을 정도였다고 해요. 이 전투에서 거덜나다시피 한 유방은 기병 몇 십 명과 함께 어둠을 틈타 겨우 도망쳤지만, 유방의 부모와 처자식들은 항우에게 붙잡혔어요.

뭉술   단번에 끝날 뻔했구만.

범식   그러네. 유방과 항우의 첫 대결이었는데 처참하게 유방이 나가떨어졌으니까.

뭉술   어쩌다가 이렇게 박살이 났지?

캐물   유방은 그렇다 치고 장량은 뭐하고 있었지?

이샘   그냥 손 놓고 있었어요!

범식   왜요?

이샘   유방은 파·촉 지역에서 나와 함양 지역을 점령하는 등 승승장구하여 진시황 때의 진나라 영역을 거의 다 흡수하고 마침내 항우의 근거지인 팽성도 점령했어요. 그때 유방의 군대는 50~60만으로 불어나 있었죠.

뭉술   그 정도면 항우가 몰락할 수밖에 없는 것 아닌가요?

이샘   유방도 그렇게 믿었지요. 그래서 유방은 날마다 술잔치를 벌이고, 항우가 모아 놓은 금은보화와 미녀들을 다 차지했어요.

범식 함양에서 항우에게 양보했던 것을 유방이 죄다 되찾았겠네.

뭉술 되찾았지. 그것이 결국은 패착이 되어 박살이 나는 것까지!

범식 장량이 이번엔 왜 가만히 있었지?

캐물 스승이니까! 민심을 얻어야 하는 것의 중요성과 겸손해야 함을 가르쳐 줬는데도, 그 깊은 뜻을 모르고 그것을 단지 '전략'과 '전술'로 이해한 학생을 어떻게 더 가르칠 수 있겠어.

뭉술 더구나 유방은 보통 학생이 아니지. 이제 중국 천하가 다 자기 손아귀에 들어왔다고 믿고 있는 제왕이잖아!

범식 유방은 장량을 스승이라고 여기는 것도 아닌데 뭘!

뭉술 샘! 이런 학생은 어떻게 해야 하죠?

이샘 깨닫기를 기다려야지.

범식 깨달음의 대가가 너무 크다. 병력의 거의 절반을 수장시키고, 자기 부모와 처자식을 적군에게 포로로 잡히게 했으니.

뭉술 유방이 깨닫기는 제대로 깨달았나?

캐물 깨달았으니까 유방이 자발적으로 함곡관 동쪽뿐 아니라 그 이상의 땅을 포기하고서라도 돌파구를 찾겠다고 했겠지.

범식 이 말이 정말이라면 전국시대처럼 중국 천하가 몇 조각으로 갈라지게 되는데?

뭉술   우선 발등의 불을 끄고 보자는 심사겠지.

범식   땅을 받는 거야 좋지만, 그곳에 모인 사람 중 누가 그만한 군
        대를 가지고 있어서 유방의 제안을 받아들일 수 있을까?

장량이 앞으로 나와 말했다.

"구강왕九江王 영포는 초나라의 맹장이지만 항왕과 사이가 좋지 않
고, 팽월은 제나라 왕 전영과 함께 양梁 땅에서 반기를 들었으니 이
두 사람을 이용하는 게 급합니다. 군왕의 장수들 중에는 한신만이 큰
일을 맡길 만합니다. 그는 한쪽을 감당할 수 있습니다. 만약 그 지역
을 떼어내어 상으로 주고자 하신다면, 이 세 사람에게 주어야만 초나
라를 깨뜨릴 수 있습니다."

뭉술   드디어 사부 장량이 나섰어!

범식   장량이 거론하는 사람들은 지금 유방과 함께 있는 사람들이
        아닌데?

캐물   장량이 전체 국면을 다 보고 있는 거지.

뭉술   이 세 사람이 있는 위치가 어딘데?

캐물   영포는 초나라의 남서쪽, 팽월은 초나라의 북서쪽, 한신은 초
        나라의 북동쪽, 그리고 유방은 서쪽에 있었어.

범식   이들이 유방 측에 붙어서 제 몫만 감당해 준다면 항우는 포
       위되어 버리겠는데!

뭉술   영포는 항우와 사이가 안 좋기는 하지만 항우 측 장군인데,
       과연 유방 측에 붙으려고 할까?

캐물   전체 국면에서 그가 중요한 자리에 있다면, 항우와 영포의
       틈을 벌려서 끌어들여야지.

범식   팽월은 이때 어느 쪽이었지?

이샘   거의 독자적으로 움직이고 있었어요.

뭉술   장량이 눈여겨본 세 사람은 그러면 아군, 적군, 제3의 독립군
       이 다 있는 거네.

캐물   그런 점에서도 장량은 싸움판 전체를 읽고 있었다고 해야
       겠네.

범식   그런데 한신은 유방과 같이 있지 않았나?

이샘   팽성 전투 전에 유방이 한신에겐 한韓나라를 점령하라는 임
       무를 주어 보냈어요.

   그러자 한왕이 수하隨何를 보내 구강왕 영포를 달래고, 또 사람
을 시켜 팽월과 연합하게 했다.
   위魏나라 왕 표豹가 한왕에게 반기를 들자, 한왕은 한신에게 군사

를 거느리고 가 그를 공격하게 했다. 또한 그 기세를 몰아 연나라, 대나라, 제나라, 조나라를 점령하게 했다.

결국 초나라가 망하게 되었다. 하지만 이것은 (장량이 추천한) 이 세 사람의 군사력 때문이었다.

장량은 병치레를 자주 했기에 혼자서 군대를 거느린 적은 없었고, 늘 계책을 내는 신하의 자격으로 한왕을 수행했다.

뭉술   유방이 장량의 말을 잘 따랐는데!

범식   중국 최고의 전략가가 판세를 그려 보여 줬으니 눈이 번쩍 뜨이지 않았겠어?

캐물   이때 장량이 추천한 세 장군 영포, 팽월, 한신이 최종적으로 항우를 물리쳤나 보죠?

이샘   그래요. 항우가 자살했던 전투까지 이 세 사람의 활약은 대단했죠.

범식   특히 한신은 한→위→대→조→제나라를 차례로 점령했으니, 초나라의 북쪽을 횡단해 최종적으로는 초나라의 동쪽까지 내려온 거지.

캐물   결국 초나라는 사방에서 포위된 형국이 되었어.

뭉술   판세가 이렇게 되면 항우가 백전백승한들 뭐하겠어. 이기고

또 이겨도 독 안에 갇힌 꼴일 텐데.

범식 그래서 항우가 싸웠다 하면 이기다가 딱 한 번 졌는데도 그로 인해 멸망할 수밖에 없었구나!

캐물 그 패배가 문제가 아니라, 그 이전에 장량이 짜놓은 그물이 항우를 계속 조였던 거지.

뭉술 10년 동안 강태공을 따라 배운 장량의 눈이 정말 예리했네!

캐물 강태공이 장량 속에서 부활한 셈이지!

범식 유방으로선 호되게 대가를 치렀지만 그것을 계기로 뛰어난 세 사람의 힘에 의지해 오히려 전체 국면을 장악할 수 있는 판을 짜게 되었으니, 결과적으로 전화위복이 된 셈이네.

뭉술 이번에도 장량은 절체절명의 위기 상황을 완전히 뒤집어 버리는 전략을 짜냈어.

캐물 패배 속에서도 승리의 조건을 만드는 장량, 대단하다!

뭉술 그런데, 장량은 자기 몸 하나 간수 못하나? 전쟁을 치르는 군인이 병치레나 하고 있으니 말이야.

범식 그 덕분에 늘 유방과 함께할 수 있었잖아.

캐물 장량이 그걸 노리고 일부러 병치레를 자주 한 건 아닐까?

범식 병치레를 자주 하게 만들어 유방의 곁을 못 떠나게 한 하늘의 뜻일 수도 있지.

한나라 3년, 항우가 형양에 있는 한왕을 잽싸게 포위하자 한왕은 두려움과 걱정에 휩싸였다. 한왕은 역이기와 함께 초나라의 권역을 약화시킬 계책을 모색했다. 역이기가 말했다.

"옛날에 은나라 탕왕湯王은 하나라 걸왕桀王을 정벌하고 그의 후손을 기杞 땅에 봉해 주었으며, 주나라 무왕武王이 은나라 주왕紂王을 정벌했을 때는 송宋 땅에 그 후손을 봉해 주었습니다. 지금 진秦나라가 덕을 잃고 의로움을 저버려, 여러 나라를 침입하고 정벌해 육국六國의 후대를 끊고선 그들에게 송곳 세울 땅조차 없게 했습니다. 폐하께서 육국의 후손들을 다시 복위시켜 그들 모두에게 폐하의 관인官印을 받게 하십시오. 그러면 그 나라의 군신과 백성은 반드시 폐하의 은덕을 우러러 받들 것이고, 폐하의 덕망과 의로움을 흠모해 마지않을 것이며, 폐하의 신하가 되기를 원할 것입니다. 덕망과 올바름이 행해지고 나면 폐하께서는 남면하여 패왕霸王이라 일컬어질 것이고, 초나라는 반드시 옷깃을 추스르고 조회하러 올 것입니다."

한왕이 말했다.

"좋습니다. 당장 관인을 새길 테니, 선생님께서 여섯 나라에 가지고 가 주십시오."

역이기가 떠나기 전인데, 장량이 바깥에서 돌아와 한왕을 뵈자 한왕이 막 밥을 먹다가 말했다.

"자방子房은 앞으로 오시오! 손님 가운데 나를 위하여 초나라의 권력을 흔들 수 있는 계책을 낸 사람이 있었소."

그러고는 역이기가 했던 말을 모두 장량에게 알려 주며 물었다.

"자방이 보기에는 어떻소?"

캐물   역이기란 사람도 유방이 아끼던 전략가였나?

범식   유방이 한신에게 제나라를 치라고 해 놓고선 한신 몰래 역이기를 제나라에 밀사로 보내기도 한 걸로 봐서, 그렇다고 봐야지.

뭉술   유방이 함양 관문을 통과하기 위해 그 "장사꾼의 자식"을 매수할 때도 역이기를 보냈었어.

범식   항우에게 포위당하자 유방은 지금도 역이기와 그 타개책을 논의하고 있는데 뭐.

캐물   역이기가 탕왕과 무왕을 근거로 내세운 까닭은 뭐지?

뭉술   유명한 왕이니까.

범식   그냥 유명한 왕이 아니고, 유학에선 최고로 치는 왕들이야.

뭉술   참, 역이기가 유학자였지.

캐물   유학자를 자처하는 사람이 뇌물을 들고 가서 장사꾼의 자식을 꼬드기는 일도 하나?

뭉술 전쟁 중이니까.

범식 전쟁 때라도 유학자라면 적군 장수에게 뇌물 먹이는 짓은 안
하지 않을까? 한비자나 이사 같은 법가法家라면 몰라도.

이샘 역이기는 맹자적인 유학자가 아니라, 순자적인 유학자 같아
요. 맹자는 패자霸者를 높이 치지 않았지만, 순자는 패자를 높
이 쳤어요. 추구할 만한 군주로 역이기가 '패왕'을 든 걸 보면
순자 계열이라 할 수 있죠. 이사는 순자의 제자였다는 거 아
시죠? 그렇다고 뇌물 먹이는 것을 순자가 찬성했다는 뜻은
아니에요.

범식 순자는 정통에서 벗어난 유학자 아닌가요?

이샘 그렇다고도 할 수 있죠.

캐물 역이기가 유방에게 대접을 톡톡히 받는데? '선생님'이란 존
칭까지 듣고 있어.

뭉술 그만큼 기분이 좋은 거지. 드디어 항우를 굴복시킬 수 있게
되었잖아?

범식 아무리 기분이 좋기로서니, 장량이 나타나자 밥을 먹다 말고
말한 것은 지나치다.

뭉술 흥분된 상태잖아. "당장 관인을 새기겠다"라고 한 것 봐.

범식 그래도 그렇지. 밥 먹으면서 말하는 것은 장량에 대한 예의

가 아니지.

뭉술 장량은 아무것도 아니란 생각이 드나 보지. 그동안 장량의
      말을 꼼짝 않고 따를 수밖에 없었던 것에 대한 반발일 수도
      있고.

캐물 뭉술이 네 말을 듣고 보니 정말 그러네. 역이기한테는 선생
      님이라며 깍듯이 대해 놓고, 정작 장량은 적당히 알고 지내
      는 사람 부르듯 했잖아.

범식 사마천의 붓 깊이는 도대체 어디까지인 거야!

장량이 말했다.

"누가 폐하를 위하여 이런 계책을 냈습니까? 폐하의 일은 물 건너
갔습니다." 한왕이 말했다.

"왜인가?"

장량이 대답했다.

"앞에 있는 젓가락을 빌려 주시면 신이 대왕을 위해 그 이유를 하
나씩 들어 보이겠습니다."

캐물 "폐하의 일은 물 건너갔습니다." 장량, 독한데!

뭉술 자기를 막 대한다고 화났겠지.

借箸諫阻

캐물 그럴 만도 하지. 밥 먹다 말고 신하에게 자기 계책을 자랑하는 임금이 어떻게 보이겠어?

뭉술 말은 하지 않아도 장량은 유방을 어린 학생 여기듯 하고 있을 텐데.

범식 더구나 기껏 생각해 냈다는 계책이 터무니없는 것이라면, 정말이지 한심했겠다.

뭉술 그래도, "신이 대왕을 위해서"라며 극존칭을 썼는데?

캐물 조롱한 거지.

범식 맞아. 유방을 극도로 높이 띄워서, 터무니없는 그의 계책이 얼마나 볼품없는가를 드러내고 있어.

캐물 뿐만 아니라 '대왕'이란 말을 통해 역이기가 말한 '패왕'과도 대비시키고 있어.

뭉술 '패왕은 무슨 당치도 않은 말씀을! 대왕을 하셔야지요'라는 소린가?

범식 샘! 대왕과 패왕은 다른가요?

이샘 원래 왕은 천자에게 쓰는 말이고, 그 밑의 제후국 수장은 공公이라 했어요. 제환공, 진목공 등이 그런 명칭이죠. 그러다가 제후 중에서 다른 제후보다 힘이 센 제후를 패霸라 했지요. 그러니까 패왕은 패이기는 하되 원래 왕에 견줄 수 있다는 뜻을 나타낸 것이고, 대왕은 원래 왕의 의미를 더 강렬하게 드러내려 한 말이란 걸 알 수 있어요. 패왕보다 대왕을 더 높은 의미로 쓰고 있는 거지요.

캐물 유방과 역이기가 세운 계책이 문제가 있다는 것을 밝히는 데 젓가락은 왜 필요하지?

범식 젓가락을 하나씩 놓으면서 조목조목 까겠다는 소린가?

캐물 깔 게 두 조목밖에 안 되면 그럴 수도 있겠지만, 이유를 두 조목밖에 안 들면서 그렇게 하면 오히려 허풍 떤다는 느낌이 들 것 같지 않아?

뭉술 그러겠는데.

캐물 지금 유방이 밥 먹고 있는 참이었지? 젓가락을 빌려 달란 소리는 '밥알 튀기지 말고 내 말이나 들으시오' 하는 소린가?

범식 밥 먹다 말고 장량 자신을 앞에 놓고 말하는 왕을 비꼬느라고 그랬겠지.

장량이 말했다.

"옛날 은나라 탕왕이 하나라 걸왕을 정벌할 때 그 후손들을 기 땅에 봉해 준 것은 걸을 사지에 몰아넣을 수 있다고 자신했기 때문입니다. 지금 폐하께서는 항우를 사지에 몰아넣을 수 있겠습니까?"

한왕이 말했다.

"할 수 없소."

"그것이 바로 육국의 후손을 봉해서는 안 되는 첫 번째 이유입니다. 주나라 무왕이 은나라 주왕을 칠 때 그 후손을 송나라에 봉해 준 것은 주왕의 머리를 얻을 수 있다고 생각했기 때문입니다. 지금 폐하께서는 항우의 머리를 얻을 수 있습니까?"

"할 수 없소."

"이것이 바로, 안 되는 두 번째 이유입니다. 주나라 무왕이 은나라로 쳐들어갈 때 상용商容의 마을 문에 그 덕행을 표창하고, 감옥에 갇혀 있던 기자를 풀어 주었으며, 비간의 무덤을 봉분으로 만들어 주었습니다. 지금 폐하께서는 성인의 무덤을 봉분으로 만들고, 어진 자의 마을을 표창하고, 지혜로운 자의 문 앞을 지나며 경의를 표하실 수 있습니까?"

(한왕은) 말했다.

"할 수 없소."

"이것이 바로, 안 되는 세 번째 이유입니다. 주나라 무왕은 거교鉅橋의 곡식을 내주었고, 녹대鹿臺의 돈을 꺼내 가난한 사람들에게 나누어 주었습니다. 지금 폐하께서는 창고를 열어 식량과 돈을 가난한 사람들에게 나누어 주실 수 있습니까?"

(한왕은) 말했다.

"할 수 없소."

"이것이 바로, 안 되는 네 번째 이유입니다. 은나라를 치는 일이 완전히 끝나자 무왕은 병거를 일상 수레로 만들고 병기를 거꾸로 하여 창고 속에 넣고 호랑이 가죽으로 덮어 놔 더는 병기를 사용하지 않을 것을 온 천하에 보여 주었습니다. 지금 폐하께서는 무력을 버리고 문치를 행하여 다시는 병기를 사용하지 않으실 수 있습니까?"

(한왕은) 말했다.

"할 수 없소."

"이것이 바로, 안 되는 다섯 번째 이유입니다. 무왕은 전투용 말을 화산華山의 남쪽에 풀어 주어 더는 말을 전투에 쓰지 않을 것임을 나타내었습니다. 지금 폐하께서도 말을 풀어 주고 쓰지 않으실 수 있습니까?"

(한왕은) 말했다.

"할 수 없소."

"이것이 바로, 안 되는 여섯 번째 이유입니다. 무왕은 소를 도림桃林 북쪽에 풀어 주어 다시는 군수품을 운반하지도 식량이나 마초馬草를 쌓아 두지도 않을 것임을 보여 주었습니다. 지금 폐하께서는 소를 풀어 주고 다시는 군수품을 운반하지도 식량이나 마초를 한곳에 쌓아 두지도 않으실 수 있습니까?"

(한왕은) 말했다.

"할 수 없소."

"이것이 바로, 안 되는 일곱 번째 이유입니다."

캐물   유방이 얼얼하겠는데.

뭉술   기절하기 직전일 거야. 이렇게 강펀치를 쉴 틈도 없이 일곱
       방이나 먹었잖아?

범식   천둥 같은 펀치가 소나기처럼 쏟아지는데 그때마다 "할 수
       없소"라고만 하고 있는 유방이 불쌍하다.

캐물   나는 유방이 대단한 인물이라는 생각이 드는데?

뭉술   그 펀치를 맞고도 견디는 걸 보면 대단하지.

캐물   그런데 유방은 사실 안 맞을 수도 있었어.

범식   어떻게?

캐물   유방은 왕이잖아, 장량은 아무리 뛰어나도 신하고, "입 닥
       쳐" 하면 바로 상황은 끝나. 그런데도 유방은 묵묵히 듣고
       있어.

뭉술   '대왕'이 되어야 하니까!

범식   장량도 만만치 않아. 유방이 탕왕과 무왕을 근거로 내세웠다

고 하여, 일곱 번이나 계속 탕·무왕의 행적을 들추며 '당신은 탕·무왕이 될 수 없습니다'를 외치고 있잖아?

뭉술 왕의 머리 꼭대기에 있는 신하구만!

이샘 『맹자』에 보면, 맹자가 자기 자신을 불소지신不召之臣, 즉 임금이 차마 부를 수 없는 신하라고 말하는 곳이 있는데, 장량도 그런 생각을 가지고 있지 않았나 싶네요.

캐물 이번에 장량이 유방을 확실히 다잡아 놓아야 한다고 생각한 것 같아.

뭉술 그런 장량의 생각과 관계있는 것을, 강태공이 문왕에게 말하는 장면이 『육도』에 있었어.

"빨래는 해가 머리 위에 뜬 한낮에 말려야 하고, 칼을 뺐으면 반드시 잘라야 하며, 도끼를 들었으면 반드시 내려쳐야 합니다. 한낮에 빨래를 말리지 않으면 때를 잃은 것이며, 기껏 칼을 빼고도 아무것도 자르지 않으면 유리한 기회를 잃는 것이며, 도끼를 들고도 내려치지 않으면 오히려 화근을 남겨 도적을 불러들이게 됩니다."

캐물 그런데 장량은 언제 무왕에 대해 이렇게 잘 알게 되었지?

범식 그 시대 사람들에겐, 특히 중국 역사에 관심 있는 사람에겐
      상식이었을 거야. 마치 우리에게 태조 왕건이 상식인 것처럼.

뭉술 태조 왕건도 제대로 공부해야 알지 그렇지 않은 사람은 잘
      몰라. 장량이 제대로 공부한 건 『태공병법』뿐인데 뭐.

범식 태공이 강태공을 가리킨다고 했지?

캐물 그래서?

범식 강태공이 무왕을 도와 천하를 평정한 거잖아? 장량은 강태공
      과 관련된 것이었을 『태공병법』을 10년 동안 익혔고. 그러니
      장량이 무왕을 잘 알지.

뭉술 장량은 곧 강태공이니까.

캐물 그런데 유방은 무왕이 아니잖아?

범식 아니지. 장량 자신은 무왕을 만들어 낼 만한 능력을 갖춘 강
      태공인데, 그의 주군 유방은 무왕이 될 자질이 없는 거지.

캐물 오히려 장량의 기분이 꿀꿀하겠는데?

뭉술 장량이 그래서 그렇게 화가 났나?

캐물 단순히 자기를 막 대했다고 분풀이를 한 건 아니었을 것
      같다.

그 뿐만이 아닙니다. 천하의 유사游士들이 그들의 친척과 헤어

지고 조상의 묘를 버려두고 친구를 떠나와 폐하를 따라다니며 분주한 것은 단지 지척의 땅이라도 떼어 주기를 밤낮으로 바라서입니다. 지금 여섯 나라를 회복해서, 한韓·위魏·연燕·조趙·제齊·초楚나라의 후대를 세워 주면 천하의 유사들이 제가끔 돌아가 그의 주군을 섬길 것이고, 그 친척을 따라 그의 친구와 분묘가 있는 곳으로 돌아갈 것입니다. 그러면 폐하께서는 누구와 함께 천하를 취하시겠습니까? 이 것이 바로, 안 되는 여덟 번째 이유입니다.

또한 초나라가 강성하지 못하게 하는 것은 마땅합니다. 하지만 만약 세워진 육국의 후손들이 다시 몸을 굽혀 강대한 초나라를 따르게 되면, 폐하께서는 어떻게 그들을 신하로 삼으실 수 있겠습니까. 진정 그 객客의 꾀를 쓰신다면 폐하의 일은 물 건너갈 것입니다."

뭉술   아직도 강편치가 멈추지 않았는걸?

범식   그래. 하지만 주먹의 종류가 달라. 앞의 일곱 가지가 유방에 관한 것이라면, 이 두 가지는 유방을 따르고 있는 사람들에 관한 거야.

캐물   어! 장량이 확 바뀌었잖아. 자기 조국 한韓나라를 다시 세우는 것까지 반대하고 있어!

뭉술   중국 전체가 하나의 나라로 통합될 수밖에 없다는 생각을 한 것인가?

범식　그렇다기보다는 지금 유방이 분봉해 줄 수 있는 위치가 아니
　　　라는 생각 때문이 아닐까? 자기 조국을 다시 세우는 것까지
　　　보류하고 유방을 중국의 패권자로 만들겠다는 생각을 한 판
　　　국에, 유방이 산통 깨는 안을 들고 나온 거지.

캐물　이런 유방을 보면, 장량이 병치레를 자주 해 그가 유방과 늘
　　　함께 있었던 것이 유방한텐 다행이었겠다 싶지 않니?

뭉술　그런 생각이 들어. 이날 장량이 먼 곳에서 군대를 거느리고
　　　있었다면 유방은 그 계책을 실행에 옮겼을 테고, 그러면 그
　　　날이 바로 유방의 몰락이 시작되는 날이었을 테니까.

한왕이 씹던 음식을 뱉고 욕설을 내뱉었다.

"갓이나 쓰고 다니는 유생(유학자)놈 때문에 하마터면 내 일을 그
르칠 뻔했구나!"

한왕은 명을 내려 얼른 인印을 녹여 버리라고 했다.

캐물　유방이 입속에 밥을 머금고 있었던 게 맞네.

뭉술　유방이 장량에게 말했을 때 밥알이 입에서 튀겨 나왔겠어!
　　　역이기가 유방에게 들려줬던 계책을 장량에게 말할 때, 흥분

하며 길게 말했을 거 아냐.

범식   사마천도 잔인하지. 유방이 밥 먹다가 장량에게 말했다고 처음에 밝히고는, 긴 말 끝에다가 유방이 씹던 음식을 뱉었다고 써서 왕이 길게 말하는 중에 왕의 입에서 밥알이 튀어나온 것을 상상하게 하다니, 놀랍다.

캐물   어쨌거나 유방도 대단해.

뭉술   그 욕을 다 먹고서도 자기가 잘못 판단했다는 걸 알자 바로 수정했어.

범식   역이기에게 그 탓을 돌린 것은 조금 문제가 있는 거 아냐?

캐물   무안해서 역이기를 욕한 것이지 자기 탓이 아니라고 생각해서 그런 건 아닌 것 같아.

뭉술   그래서 역이기에게 아무런 벌도 주지 않았을 거야.

범식   이런 유방의 태도를 보면 타고난 인간이라는 생각이 들어. 이런 모습 때문에 미워할 수가 없단 말이야.

뭉술   목표를 이루기 위해서 억지로 그렇게 하는 게 아닐까?

캐물   잘 모르겠어. 정말 빼어난 인물인 한신·장량·소하를 유방이 거느린 것을 보면 불가사의한 인물이란 생각이 들어.

범식   마치 역이기가 나타날 줄 알고 미리 경계해 놓은 듯한 말이 『육도』에 실려 있어.

"갓과 허리띠를 이상하게 차려입고 옷매무새를 세련되게 꾸며서 남의 눈길을 끌면서, 드넓은 견문과 능란한 말주변을 자랑하고, (……) 언뜻 들어서는 고상해 보이는 허무맹랑한 말로 군주를 기쁘게 하는 무리입니다. 군주는 이러한 자를 신하로 삼아서는 안 됩니다."

한나라 4년, 한신이 제나라를 깨뜨렸다. 한신이 스스로 제나라 왕이 되려고 하자, 한왕이 분노했다. 장량이 한왕을 설득했다. 그의 말에 따라 한왕은 장량을 보내 한신에게 제나라 왕의 관인을 주고 한신을 제나라 왕으로 삼아 주었는데, 이 이야기는 「회음후 열전」에 기록해 두었다.

캐물 한신을 제나라 왕으로 세워 주는 게 당연하잖아. 팽성에서 유방이 항우에게 대패한 뒤, 그는 "내가 함곡관 동쪽 등을 포기하고 떼어내 주고자 하는데, 누가 나와 함께 천하를 공략할 공을 세우겠소?"라고 했었잖아.

뭉술 그때는 그때고 지금은 지금이라는 거지.

범식 아무튼! 한신을 제나라 왕으로 인정하지 않으면 유방과 한신의 관계는 어떻게 되는 거지?

뭉술   한신이 독립하는 거지.

캐물   그러면 장량이 처음에 짜 놓은 구도가 깨져 버리잖아.

뭉술   유방의 패권도 장담할 수 없게 돼!

범식   장량이 또 나설 수밖에 없었구만.

이샘   장량에 관한 인물평 중 소동파가 쓴 「유후(장량)론」이 유명
      해요. 거기에서 소동파는, 장량이 유방을 설득해 한신을 제나
      라 왕으로 인정하는 장면을 들어 장량과 유방의 관계에 대해
      논평했어요.

      "고조(유방)가 승리한 까닭과 항우가 실패한 까닭을 살펴보
      면, 참을 수 있었느냐 없었느냐의 차이였을 따름이다. 항우는
      참을 수 없었다. 그래서 백전백승했으나 그 날카로운 전력을
      가볍게 소모해 버렸다. 반면에 고조는 참을 수 있었다. 그래
      서 날카로운 전력을 온전히 하고 길러서 항우가 지치기를 기
      다렸다. 이것은 장량의 가르침 때문이었다. 한신이 제나라를
      격파하고 스스로 왕이 되고자 했을 때 고조는 분노를 참지
      못해 그 말과 얼굴에 그것이 드러났다. 이것으로 보건대 고
      조에게 매우 강퍅하고 참지 못하는 기질이 있었던 게 틀림없
      다. 장량이 아니었다면 누가 그를 온전히 했으리요?"

뭉술   소동파도 장량을 유방의 스승으로 본 거네요?

이샘   그래요. 지금 이야기에선 조금 비껴가지만 소동파의 이 「유
      후론留侯論」에 있는 몇 구절이 천안함 침몰 사건과 관련해서
      유명해지기도 했죠.

범식   아, 저도 신문에서 본 기억이 나요. 추이톈카이[崔天凱] 중국
      외교부 부부장이 중국을 방문했던 천영우 외교통상부 2차관
      에게 소동파의 「유후론」 중 일부를 액자에 담아 선물했다고
      했어.

'천하를 덮을 만큼 큰 용기가 있는 자는

        (천하유대용자天下有大勇者)

갑자기 어떤 일이 닥쳐도 놀라지 않으며

        (졸연임지이불경卒然臨之而不驚)

까닭 없이 해를 당해도 화를 내지 않는다

        (무고가지이불노無故加之而不怒)

이는, 그의 마음에 품은 바가 매우 크고

        (차기소협지자심대此其所挾持者甚大)

뜻이 심히 원대하기 때문이다

        (이기지심원야而其志甚遠也)'

캐물 장량이 이런 식의 말을 하며 유방을 가르쳤을 거란 얘기지?

뭉술 멋있네. 말도 멋있고, 그런 말을 했을 거라 여겨지는 장량도 멋있고, 그 말을 상상해 낸 소동파도 멋있다.

캐물 천안함에 대한 견해를 이런 식으로 표현한 중국의 관리는 또 어떻고!

범식 이런 게 고전만이 줄 수 있는 맛이고, 멋이고, 힘인데…….

캐물 한신에게 땅을 떼 주어야 한다고 장량이 말했는데, 이것이 전략과 전술 때문이었을까? 아니면, 항우와의 전쟁 이후 중국 판도가 어떠해야 하는가를 장량이 머릿속에 그리면서 그렇게 하라고 한 것일까?

뭉술 거기까지는 모르겠고, 장량은 함께 누려야 한다는 생각이 강했을 것 같아.『육도』에 있는 다음의 구절 때문이야.

"봉록을 내걸면 훌륭한 인재를 얻어서 능력을 발휘하게 만들 수 있습니다. 이러한 이치를 발전시켜 보면, 대부가 자기 집안을 들어서 나라를 얻으려고 하면 나라를 손에 넣을 수 있고, 제후가 자기 나라를 바쳐서 천하를 얻으려고 하면 천하를 아우를 수 있습니다."

그해 가을, 한왕은 초나라를 뒤쫓아가 양하陽夏 남쪽에 이르렀다. 하지만 전세가 불리하게 되어 고릉固陵의 보루를 굳게 지키고 있었는데, 제후들이 약속한 기일이 되었는데도 오지 않았다. 장량이 한왕을 설득하여, 한왕이 그의 계책을 쓰자 제후들이 모두 왔다. 이 이야기는「항우 본기」에 기록해 두었다.

범식 약속한 날짜에 오지 않은 제후들이 누구지?

이샘 유방이 항우와 첫 전투에서 무참하게 깨졌던 것 기억하죠? 그때 유방이 영포·한신·팽월을 추천했는데, 그 후 이들의 전과에 힘입어 항우의 세력은 급격히 축소되었어요. 결국 이번이 항우와의 마지막 전투가 될 것이라는 걸 예상할 정도까지 되었죠. 그래서 이들은 유방에게 땅을 떼어 줄 것을 은근히 요구하며 이 전투에 사보타주를 하고 있었어요. 이를 눈치챈 장량이 유방을 설득하여 이 세 사람에게 땅을 주기로 약속하고 그들을 부르라고 하자, 유방이 그 말을 따라서 세 사람이 이 전투에 다 모인 거예요.「항우본기」중에서 이 사건이 기록된 부분을 샘이 복사해 왔으니 같이 읽어 보죠.

한나라 5년, 유방은 항우를 추격해 양하陽夏 남쪽에 이르러

머무르면서 진을 친 후, 한신과 팽월을 만나서 초나라 군대를 함께 공격하기로 약속했다. 그러나 고릉固陵에 이르렀는데도 한신과 팽월의 군대가 오지 않았다. 이 틈을 타서 초나라 군대가 한나라 군대를 공격해 크게 쳐부쉈다. 유방은 다시 진지로 들어가 참호를 깊게 파고 굳게 지켰다. 유방이 장량에게 물었다.

"제후들이 약속을 지키지 않았으니 어떻게 해야 하는가?"

장량이 대답했다.

"초나라 군대가 바야흐로 무너지려 하는데, 한신과 팽월은 아직 봉지를 나누어 받지 못했습니다. 그러므로 그들이 오지 않는 것은 당연합니다. 주군께서 그들과 함께 천하를 나눌 수만 있다면 지금이라도 당장 그들을 오게 할 수 있습니다. 만일 그렇게 할 수 없다면 일은 알 수 없습니다. 주군께서 동쪽에서부터 바닷가에 이르는 땅을 모두 한신에게 주고, 수양 이북에서 곡성穀城에 이르는 땅을 모두 팽월에게 주어 그들이 스스로 힘을 내 싸우게 한다면 초나라는 쉽게 패할 것입니다."

유방이 말했다.

"좋소."

이에 사신을 보내 한신과 팽월에게 알렸다.

"힘을 합쳐 초나라 군대를 칩시다. 초나라가 무너지면 진현 동족에서 바닷가에 이르는 땅을 제왕(한신)에게 줄 것이며, 수양 이북에서 곡성에 이르는 땅을 팽 상국(팽월)에게 주겠소."

사신이 도착하자 한신과 팽월은 모두 고하여 말했다.

"청컨대 지금 군대를 진격하십시오."

한신은 곧 제나라에서 출병하고, 유가劉賈의 군대도 수춘壽春에서 나란히 출병해 성보를 도륙하고 해하垓下에 이르렀다. 대사마 주은周殷은 초나라를 배반하고 서현舒縣의 군사를 이끌고 육현을 쳐부수고, 구강의 병사를 동원해서 유가와 팽월을 쫓아 모두 대하에 모여 항우를 향해 나아갔다.

항우는 해하에 진지를 구축하고는 주둔했는데, 군사는 적고 군량은 다 떨어진데다 한나라 군대가 여러 겹으로 포위했다. 밤에 한나라 군대가 사방에서 모두 초나라 노래를 부르니 항우가 크게 놀라서 말했다.

"한나라 군대가 이미 초나라를 얻었단 말인가? 어찌 초나라 사람이 이다지도 많은가?"

항우는 밤에 일어나 막사 안에서 술을 마셨다. 항우에게는 이름이 우虞라고 하는 미인이 있었는데, 총애하여 늘 데리고 다녔다. 그리고 추騅(오추마)라는 이름의 준마가 있었는데 늘 타고 다녔다. 이에 항우는 비분강개하여 직접 시를 지어 노래로 읊었다.

"힘은 산을 뽑을 수 있고 기개는 세상을 덮을 만한데,
때가 불리하여 추가 나아가지 않는구나.
추가 나아가지 않으니 어찌해야 하는가,
우여, 우여, 그대를 어찌해야 하는가!"

여러 번 노래 부르니 우 미인도 따라 불렀다. 항우가 울어 몇 줄기 눈물이 흘러내리니 좌우에 있던 사람들이 모두 울며 고개를 들어 쳐다보지도 못했다.

뭉술 장량의 제안이 아니었더라면, 항우가 사면초가를 맛보는 일도 없었겠는데?

캐물 이 전투의 구도를 현실화한 게 장량이니 그렇다고 할 수 있겠네.

캐물 더욱 놀라운 것은 장량이 유방을 다시 만나 그에게 준 첫 계책, 즉 유방이 팽성 전투에서 철저하게 깨진 뒤에 장량이 유방에게 마련해 준 전략이 결국 마지막까지 갔다는 거지.

캐물　초나라의 남서쪽에 영포, 초나라의 북서쪽에 팽월, 초나라의
　　　 북동쪽에 한신, 그리고 유방을 초나라의 서쪽에 두어 항우를
　　　 포위하려 한 전략 말이지?

범식　응. 사면초가를 가져온 전투가 딱 그 구도잖아.

뭉술　장량, 중국 최고의 전략가 맞다.

캐물　여기서도 장량은 유방에게 땅을 떼어 주라고 했어. 세 사람
　　　 의 상대적인 독립성을 인정하라고 한 셈이지. 이런데도 장량
　　　 의 계책을 항우와의 전투를 위한 전략과 전술이라고만 할 수
　　　 있을까? 항우와의 전쟁 이후 중국 판도가 주나라의 봉건제를
　　　 닮아야 한다고 장량은 생각한 것이 아닐까?

뭉술　이제 논공행상 차례야.

범식　논공행상에 대한 장량의 태도를 보면 그의 뜻이 어디에 있었
　　　 는가를 알 수 있겠지.

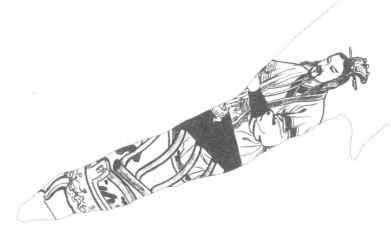

모반을 막고 도읍을 정하다

한나라 6년, 정월에 공신들에게 상을 내려 봉지(땅)를 주었다. 장량은 전투에서 이렇다 할 공이 없는데도 고제(고조 유방)가 말했다.

"군대의 장막 안에서 계책을 내어 천리 밖의 승부를 결정한 것은 자방의 공이다. 스스로 제나라 삼만 호를 골라라."

장량이 말했다.

"처음에 신이 하비에서 일어났을 때 황상과 유현에서 만났는데, 이는 하늘이 신을 폐하께 주신 것입니다. 폐하께서는 신의 계책을 쓰셨고, 다행히 때때로 들어맞았습니다. 신은 유현에 봉해지는 것으로 충분합니다. 삼만 호는 감당할 수 없습니다."

이에 장량을 유후로 삼았는데, 소하 등도 함께 봉읍을 받았다.

뭉술   다 끝난 마당에, 자기 몫을 줄여 달라는 사람도 있나?

범식   장량은 '단지' 전략가가 아니었네!

캐물   장량이 소박해서 자기 몫을 줄여 달라고도 했겠지만, 그것만은 아니란 생각이 들어. 사마천도 말했듯이 "장량은 전투에서 이렇다 할 공이 없었"잖아? 장량에게 그만한 땅을 떼어 주면, 직접 전투에 참여했던 장군들은 어떤 생각을 할까?

뭉술   별 공적도 없는 장량이 저렇게 많은 땅을 받았으니, 나는 더 받겠지 하고 생각하겠지.

범식   그렇게 생각할까 봐 유방이 "군대 장막 안에서 계책을 내 천리 밖의 승부를 결정한 것은 장량의 공"이라고 추켜세우고서 장량에게 상을 내렸잖아.

캐물   그렇다고 목숨 걸고 직접 싸웠던 장군들이 자기들보다 장량의 공이 더 크다고 인정할까?

뭉술   그들의 반발을 예상하고 장량이 자기 몫을 줄여 달라고 했단 말이야?

캐물 그렇다고 봐. 만약 다른 사람들이 장량보다 작은 땅을 받으면 장량은 모함을 받을 수도 있어.

범식 그럴듯하기는 하지만, 장량이 그 땅 대신 원한 지역이 유현이란 점에서 나는 다르게 봐.

캐물 샘! 두 곳의 땅 차이가 많이 나나요?

이샘 학자들은 두 곳의 차이가 10배쯤 된다고 그래요.

뭉술 엄청 차이가 나네. 그렇다면 유현이 중요한 지역인가?

범식 그렇지. 누구에게나 중요한 건 아니고 장량에게 중요하지.

캐물 유현은 장량이 유방을 처음 만난 곳이라는 사실 때문이니?

범식 그래. 그때 장량은 다른 사람 밑으로 들어가려고 길을 가던 중이었어. 그런데 유방을 만난 거지.

뭉술 그 인연이 유방을 도와 중국을 통일하게 했으니 장량에겐 특별한 곳이겠다.

범식 장량은 지금 유방에게 초심을 상기하게 하고 있는 셈이지.

캐물 내심으로는 자신을 유방의 스승으로 여겼던 장량 자신의 자존심을 지키려는 뜻에서이기도 했겠다.

뭉술 이런 것을 일석삼조라고 해야 하나. 유현으로 바꿔 달라고 함으로써 다른 장군의 반발도, 유방에게 초심을 상기시키는 것도, 자존심을 지키는 것도 다 이루었잖아.

캐물 장량의 이런 뜻을 알고 유방도 그를 유현에 책봉했을까?

뭉술 전략전술은 잘 짜지 못해도, 유방이 눈치 하난 빠르잖아!

범식 유방이 장량의 뜻대로 중국의 판도를 짤까? 이제 장량은 말 그대로 유방의 신하일 뿐이잖아.

캐물 그래도 한신이 있는데?

이샘 항우와의 전쟁이 끝나자마자 유방은 한신의 군대를 접수한 뒤 한신에게서 제나라 왕의 관인을 거두어들이고, 대신 초나라 지역으로 옮기게 해요. 그것으로도 안심이 안 되었던지 나중에 반역 혐의를 한신에게 뒤집어 씌워 수도로 데려간 뒤에야 죄를 사해주고 그곳에서 살게 하죠.

범식 호랑이에게서 이빨을 뽑아버린 거구만!

뭉술 병사 없는 장군을 만든 거지.

황상이 이미 큰 공신 이십여 명을 봉했으나, 나머지 사람들은 밤낮으로 공을 다투어서 결정을 하지 못해 그들을 봉하지 못했다. 황상이 낙양의 남궁南宮 구름다리 위에 있으면서, 여러 장수들이 가끔 모래밭에 모여 앉아 말하는 것을 보았다. 황상이 물었다.

"저들은 무슨 말을 하고 있는가?"

유후(장량)가 말했다.

"폐하께서는 정녕 모르신단 말입니까? 저들은 모반을 꾀하고 있습니다." 황상이 말했다.

"천하가 막 안정되었는데 어찌하여 모반을 생각한단 말인가?"

유후가 말했다.

"폐하께서는 평민에서 일어나 이 무리들에게 기대서 천하를 얻었습니다. 이제 폐하께서 천자가 되셨는데, 봉토를 준 자들은 모두 폐하께서 친애하던 소하나 조참 같은 옛 친구들뿐이고, 주살한 자들은 모두 평소에 폐하와 원수진 자들입니다. 지금 군대의 인사들이 그 공을 따져 보고는, 두루 봉지를 주기에는 천하를 다 나누어도 부족하다고 여겨지는지라 폐하께서 모두를 봉해 주지 않으실까 걱정하고 있습니다. 또한 평소에 저지른 잘못으로 인해 의심 받아 주살될까 두려워, 서로 모여 모반하려는 것입니다."

황상이 걱정되어 말했다.

"이 일을 어찌해야겠소?"

유후가 말했다.

"황상께서 평소 미워하시는 자 중에 여러 신하들도 다 아는 사람으로 누가 가장 심합니까?"

황상이 대답했다.

"옹치雍齒가 나와 묵은 원한이 있소. 그는 자주 나를 욕되게 하여 그를 죽이고 싶지만, 그의 공이 워낙 커 차마 그렇게 하지 못하고 있소."

유후가 말했다.

"지금 급히 먼저 옹치를 봉하여 여러 신하들에게 보이십시오. 옹치가 봉해지는 것을 보고, 신하들은 제가끔 자신들도 봉해지리라고 굳게 믿을 것입니다."

이에 황상은 술자리를 마련하고 옹치를 봉하여 십방후什方侯로 삼고, 급히 승상과 어사御史를 다그쳐 옹치의 공을 정하고 봉상을 행했다. 술자리가 끝나자 신하들이 모두 기뻐하며 말했다.

"옹치도 후侯가 되었는데, 우리야 걱정할 게 없지!"

뭉술 논공행상을 하는 게 정말 쉽지 않은데?

범식 공신들의 걱정은 두 가지지. 우선 큰 상을 못 받을까 걱정스럽고, 다음은 패권이 정해지고 나면 으레 공신들이 숙청당하듯이 자신들도 숙청당하지 않을까 걱정되는 거지.

캐물 장량은 공신들의 걱정을 정확히 알고 있는데, 유방은 왜 그것을 모를까?

범식 처지가 달라서겠지. 어쨌거나 장량도 공신이잖아. 유방은 왕이고.

캐물 그것보다는 주나라처럼 봉건제를 유지해야 한다는 게 장량이 품었던 생각이고, 그래서 공신들을 제대로 대접해야 한다고 말한 게 아닐까?

뭉술   그것에 딱 들어맞는 말이 『삼략』에 있어.

"나라를 위한 계략을 꾸민 사람은 장수 자신이지만, 이를 완수하여 공을 세우고 상을 받는 사람은 병사들이다. 그런데도 승리의 이익이 통치자 자신에게 있다고 어떻게 말할 수 있겠는가? 장수들을 제후로 임명하여 각 지역을 담당케 하고, 군주 자신은 천자가 되어 천하를 다스리기 때문이다."

캐물   천하가 다 유방의 수중에 들어온 마당에 유방이 장량의 뜻을 따를까? 임시모면으로 그가 장량의 말을 써먹을 거라는 생각이 들어.

뭉술   천하의 장량인데?

캐물   장량에겐 결정적으로 군대가 없고 장수도 없어!

범식   이제는 장량의 때가 기울어, 유방 자신의 페이스대로 가도 되는 때라고 그는 생각하겠지.

캐물   지존의 자리에 있고 싶어 봉건제를 완전히 폐지하고 군현제를 전면화했던 진시황처럼, 유방 역시 가능하면 신하들에게 땅을 떼어 주는 봉건제는 실시하지 않으려 할 게 틀림없어.

뭉술 한신은 날개가 꺾이긴 했지만, 그래도 다른 공신들이 있잖아?

이샘 결국, 유방은 진시황의 군현제와 주나라의 봉건제를 절충하여 '군국제'를 실시해 중국 천하를 다스렸어요. 공신들의 마음과 자신의 마음을 절충할 수밖에 없었다고 봐야죠.

유경劉敬**이** 고제高帝를 설득했다.

"관중에 도읍을 세우십시오."

그러나 황상은 관중 지역이 미덥지 않았다. 주위의 대신들은 모두 산동山東 사람들이어서, 거의가 낙양에 도읍을 세우도록 황상에게 권하며 말했다.

"낙양 동쪽엔 성고成皐가 있고, 서쪽엔 효산殽山과 민지澠池가 있으며, 황하를 등지고 이수伊水와 낙수雒水를 마주보고 있어서 충분히 그 견고함을 믿을 만합니다."

유후가 말했다.

"낙양이 비록 그처럼 견고하기는 하나, 그 중심이 작아 수백 리에 불과하며, 땅은 척박하고 사방에서 적의 공격을 받을 수 있는 곳이어서 무력이 쓸모없는 곳입니다. 관중은 동쪽엔 효산과 함곡관이 있고, 서쪽엔 농산隴山과 촉산蜀山이 있어 기름진 들판이 천 리나 되고, 남쪽엔 파촉巴蜀의 풍부한 자원이 있으며, 북쪽이 드넓은 목축지라는 이점이 있습니다.

또한 삼면의 험준한 지세에 의지하여 굳게 지킬 수 있으므로, 단지 동쪽 한 방면의 제후만 통제하면 됩니다. 제후를 안정시키면 황하와 위수渭水의 물길로 천하의 식량을 서쪽 도성에 공급할 수 있고, 만일 제후가 반란을 일으키기라도 하면 물길을 따라 내려가면서 군대와 군수 물자를 충분하게 댈 수 있습니다. 이는 이른바 천 리나 되는 철옹성이며 하늘이 내려 준 지역이니 유경의 말이 맞습니다."

이에 고제는 그날로 수레를 타고 가 서쪽 관중에 도읍을 세웠다.

뭉술   논공행상을 얼추 마쳤으니, 이제 도읍을 어디로 할 것인가가 문제네.

범식   대부분 자기 고향 근처에 도읍이 생기는 것을 바라겠지.

캐물   중심부에서 멀어지지 않으려는 심리 때문이기도 하겠지.

뭉술   샘, 관중은 어떤 곳이죠?

이샘   장안長安이에요. 지금은 서안西安이라고 하지요. 주나라 전반기의 도읍이었던 호경 근처이고, 진나라 도읍인 함양에서 남동쪽으로 20~30km 내려온 곳에 있어요.

뭉술   진나라 수도에서 멀지 않아서 꺼려하는 사람들이 많기는 하겠구나.

범식 낙양은 내가 조금 알지. 주나라가 호경에서 낙양으로 천도한 게 춘추시대의 시작이고, 전국시대 때 주나라가 망할 때까지 계속 여기를 수도로 삼았어.

캐물 실질적으로는 천자天子의 권위를 잃었지만, 명목상으로는 천자의 도시였던 거지.

뭉술 낙양이 중국 중심부에 있으니까 그쪽으로 도읍을 정하자는 게 일반적인 정서였겠다.

범식 게다가 진나라에 대항했던 세력의 중심지가 낙양 근처였어.

뭉술 방어하기에 아주 좋다는 게 낙양을 주장하는 사람들의 논거이기도 하고.

캐물 하지만 장량은 경제적인 조건을 최우선시했어.

범식 관중 지역이 한쪽은 터져 있어서 방어상의 문제는 있지만, 그것은 대비하면 되고, 문제가 터지면 물길을 따라 내려가는 유리한 조건으로 그것을 극복할 수 있다고 했지.

캐물 유방은 장량의 말을 듣자마자 그곳으로 도읍을 정했는데, 장량이 제시한 것 때문만이었을까?

뭉술 낙양이라는 중심지를 떠나, 새로운 곳에 도읍해야 새 판을 짜기 쉽다는 생각도 있었겠지.

이샘　유방도 관중을 새 도읍지로 정하고 싶은 마음이 컸던 것 같아요. 그곳에 도읍을 정하자고 말한 사람이 유경인데, 그 제안을 고맙게 여긴 유방이 자신의 성씨인 '유劉'를 내려 '유경'이 되었다고 하거든요.

범식　왕 자신의 성씨를 내릴 정도로 왕이 새 도읍지를 바라고 있었다는 소리네.

이샘　하지만 「고조본기」에는 유방이 낙양에 도읍하기를 바란 것으로 되어 있어요.

범식　아직도 장량의 몫이 남아 있었잖아?

캐물　하지만 그런 장량은 유방에게 전혀 위협이 되지 않아. 그래서 장량도 거리낌 없이 말했을 거야.

뭉술　그것은 이제는 장량이 몸을 사려야 할 때라는 소리이기도 한데!

　유후도 고제(유방)**를** 따라서 관중으로 들어갔다. 유후는 천성적으로 병치레를 자주 했는데, 도인술道引術을 하며 곡물을 먹지 않고 일 년 남짓 문밖에 나가지 않기도 했다.

캐물　장량의 병치레 얘기가 또 나왔네!

114

뭉술 그렇다고 곡물을 끊으면 죽잖아.

범식 양생법 하는 사람들은 솔잎 가루, 소나무 뿌리에서 나는 버섯 등을 먹으면서도 산다고 하더라.

캐물 순전히 병을 고치기 위해서였을까?

뭉술 장량이 갑자기 딴사람이 되었어.

캐물 그의 시대가 끝나가고 있다는 것을 장량은 안 거지.

범식 시대를 알아야 한다는 말이 『육도』에 있어.

"성인은 모든 일에 기미를 잃지 않고, 이를 가지고 모든 조짐에 잘 적응해 나간다."

캐물 그 비슷한 말이 『삼략』에도 있어.

"성인과 군자는 나라가 흥성하고 쇠망하는 원인을 밝게 알고, 성공과 패배의 단서를 꿰뚫어 알고, 통치와 혼란의 조짐을 훤히 알며, 나아갈 때와 물러날 때의 절도를 잘 안다."

범식 "떠날 때를 알아 떠나는 사람의 뒷모습은 얼마나 아름다운가!"란 시도 있지.

뭉술　너희들은 장량이 스승 역할을 할 수 있는 시대가 끝났다고 생각하니?

범식　이미! 그런데도 스승의 자리에 연연해하면 스승이 아니지.

캐물　그럴 장량도 아니지. 도읍지까지 정해진 지금, 무엇을 할 차례일까?

범식　나라를 튼튼하게 만드는 거. 창업을 했으니까 수성守成할 차례지.

캐물　창업과 수성 사이에 공신 제거가 있잖아.

뭉술　그럼 장량이 지금 소나기를 피하기 위해 몸을 숨긴 건가?

범식　일 년 남짓 동안이나 문밖에 나가지 않은 것도 그렇게 해석할 수 있겠지.

캐물　그래서였겠지?

이샘　장량이 이러고 있던 앞뒤로 한신·팽월이 죽임을 당하고, 나중에 영포는 앉아서 죽지는 않겠다는 마음으로 반역했다가 유방에게 진압을 당해요.

범식　장량이 추천해서 항우의 무력에 맞서 직접 싸웠던 세 사람이 다 이렇게 죽임을 당했네.

뭉술　그 세 사람을 추천했던 장량은 살아남았어.

캐물　또 병치레 덕분이라고 해야 하나? 아니면 도인술이 그를 살렸다고 해야 하나?

뭉술 　아무튼 협객 장량은 터럭만큼도 보이지 않는데?

범식 　그 노인을 만난 뒤로 거듭났으니까!

은둔한 네 현인을 끌어들여
후대를 튼튼하게 하다

황상이 (여후의 아들인) **태자를** 폐하고 척 부인戚夫人의 아들인 조 왕趙王 유여의劉如意를 세우고자 했다. 대신들 대부분이 다투어 간언 했으나 확실하게 매듭을 짓지 못했다. 여후(황후)가 두려워 어찌할 바를 모르고 있는데, 어떤 사람이 여후에게 말했다.

"유후(장량)가 계책을 잘 세웠기에 황상께서 그를 믿고 등용했던 것입니다."

이에 여후는 건성후建成侯 여택呂澤을 시켜 유후를 위협하며 말했다.

"당신은 늘 황상의 모신謀臣이었습니다. 지금 황상께서 태자를 바꾸려고 하는데도 당신은 어찌하여 베개를 높이 하고 누워만 있단 말입니까?"

유후가 말했다.

"시작할 때엔 황상께서 여러 차례 곤란하고 위급한 상황에 처하셔서 다행히 저의 계책을 써 주셨습니다. 그런데 지금은 천하가 안정되어 있습니다. 황상께서 태자를 바꾸어 편애하는 자식을 세우려 하는데, 이는 골육 간의 일입니다. 비록 저 같은 사람이 백 명이 넘게 있다고 하더라도 무슨 도움이 되겠습니까?"

캐물   이제 판국이 결정 났다 이거지? 유방 눈에 보이는 것은 애첩
       밖에 없어.

뭉술   아니지. 애첩의 자식도 크게 보이고 있어.

범식   그 아들 이름도 의미심장해. '뜻과 같다[여의如意]'이니, 유방
       의 뜻과 같이 입에 착착 붙는다는 말인가?

뭉술   그런 만큼, 정실부인의 자식인 태자는 눈에 안 차지.

캐물   장량은 왜 안 나서지?

뭉술   자기도 별 수 없다고 했잖아.

범식   일을 시작할 때 유방의 마음과 일을 끝마친 지금 유방의 마
       음이 같을 수 없다는 것을 장량이 잘 안 거지.

뭉술   장량이 비겁해졌어.

캐물   장량이 유방의 애첩 쪽에 붙으려는 건 아닐까?

범식   태자 측에서는 그렇게 느꼈던 것 같아. 여후가 자기 오빠를
       시켜 장량을 '겁박'하여 말했다고 했잖아.

여택(여후의 큰 오빠, 즉 태자의 외숙)**이** 강제로 요구했다.

"나를 위해 계책을 세워 주시오."

유후가 말했다.

"이는 말로써 논박하기가 어렵습니다. 돌이켜 보니 황상께서 마음
대로 오게 할 수 없었던 사람이 천하에 네 분 있습니다. 이분들은 연
로한데, 그들 모두 황상께서 오만하여 사람을 업신여긴다고 생각해
산속으로 도망가 은둔하고는 의리를 지켜 한나라의 신하가 되지 않
았습니다. 그러나 황상께서는 이 네 분을 높이 치십니다. 지금 공公께
서 진실로 금옥과 비단을 아끼지 않고, 태자로 하여금 편지를 쓰되
말을 공손하게 하고, 작은 수레를 준비하여 말 잘하는 선비를 보내
간곡히 청한다면 그분들은 반드시 올 것입니다. 그분들이 오거든 귀
한 손님으로 대우하고, 가끔 태자를 따라 조정으로 들어가 조회하게
해 황상으로 하여금 그들을 보시게 하면, 황상은 틀림없이 이상히 여
겨 그분들께 물으실 것입니다. 묻게 되면 황상께서는 그분들이 현자

임을 알게 될 것이니, 이것은 태자에게 큰 도움이 될 것입니다."

이에 여후는 여택으로 하여금 사람을 보내 태자의 편지를 가지고 가 공손한 말과 후한 예물로 이 네 분을 맞아오게 했다. 그리하여 네 분이 왔는데, 건성후(여택)의 집 빈객이 되었다.

범식　　장량이 유방의 애첩 쪽에 붙으려던 것은 아닌데?

뭉술　　직접 자신이 나서지 않는 것을 보면, 뭔가 수상해.

캐물　　『삼략』을 배운 장량이 태자를 갈아치우는 것을 좋게 여길 리 가 없어. 그 책에 나온 말이야.

"제도를 넘어서는 일을 하면 비록 일시적으로 성공하더라도 언젠가 반드시 패망하고 만다."

범식　　『삼략』에 또 다른 말도 있어.

"많은 사람들이 의심을 품게 되면 나라가 안정되지 못하고, 옳고 그름이 헷갈려서 갈팡질팡하면 백성을 평안하게 다스 리지 못한다. 모든 의심이 제대로 판가름 나고 옳고 그름이 제자리를 찾아야만 비로소 나라가 편안해질 수 있다.

군주의 명령이 한 번 어긋나면 모든 명령이 잘못되게 마련이
고, 한 가지 악행이 저질러지면 온갖 악행이 저질러지고 꼬
여들게 마련이다."

캐물   그럼에도 장량이 직접 나서지 않는 것을 보면, 이 네 사람이
       장량 자신보다 더 낫다고 여겨서일 텐데, 그게 뭘까?
범식   유방이 이 네 사람을 높이 치고 있었기 때문이지.
뭉술   유방이 장량은 높이 치지 않았나?
캐물   전쟁이 끝난 지금 장량의 값어치는 별 볼일 없잖아?
뭉술   토끼를 다 잡은 사냥개 꼴이라는 말이지?
범식   그렇지. 하지만 이 네 사람은 유방의 말을 안 따랐기 때문에
       세상 사람들로부터 고결하다는 소릴 듣고 있었겠지. 몸값이
       그만큼 높아진 거지.

한나라 11년에 영포가 반기를 들자, 황상은 병이 있어 태자에
게 군대를 거느리고 가 그들을 공격하게 하려고 했다. 네 사람이 서
로 의논해 말했다.

"우리들이 온 것은 태자를 보호하기 위해서입니다. 태자가 군대를
거느리고 나간다면 일이 위험해질 것입니다."

뭉술　태자의 첫 시험대라고 할 수 있겠네.

캐물　항우도 버거워했던 백전노장 영포를 새파랗게 젊은 태자가
　　　감당할 수 있을까?

범식　그것을 이 네 사람도 알았기에 태자가 군대를 지휘한다면 위
　　　험해질 것이라고 얘기했을 거야.

이에 네 분은 건성후에게 말했다.

"태자께서 군대를 거느려 공을 세우더라도 작위는 태자보다 더함
이 없겠지만, 공을 세우지 못하고 돌아오기라도 하는 날엔 그 때문에
화를 입게 될 것이오. 게다가 태자가 거느려야 할 장수들은 모두 황
상과 함께 일찍이 천하를 평정한 맹장들이오. 지금 태자에게 그들을
거느리게 한다면, 이는 양에게 이리를 거느리게 하는 것과 다를 게
없어서 그들 모두 힘을 기울여 태자를 위하려 하지 않을 것이니, 태
자께서 공을 세우지 못할 게 틀림없소. '어미가 사랑을 받으면 자식
도 귀염 받는다'라는 말이 있소. 지금 척 부인이 밤낮으로 황상을 모
시니 그의 아들인 조왕 여의는 늘 황상 앞에 있고, 황상도 말하기를
'절대 어리석은 자식을 사랑스런 자식 위에 있게 할 수는 없다'라고
하시니, 분명 그가 태자 자리를 대신할 게 틀림없소."

뭉술 주어진 잔을 아예 받지 말라는 거네.

캐물 어떻게 그것을 피하지? 까딱했다간 무능한 태자란 소릴 듣기
      십상이잖아?

범식 그렇게 되면, 태자를 갈아치울 명분이 유방에게 생겨.

뭉술 그 잔을 피하는 방법도 이 네 분이 알려 주겠지.

"그대는 어찌 급히 여후에게 청해 황상께 눈물을 흘리며 다음처
럼 말하지 않습니까?

'영포는 천하의 맹장으로 군사를 잘 다루고, 지금 태자가 거느릴
장군들은 모두 폐하의 옛 동료들로 태자에게 이들을 거느리게 하는
것은 양에게 이리를 거느리게 하는 것과 다를 게 없어서 그들이 힘을
쓰려고 하지 않을 것입니다. 그래서 영포가 이 소문을 듣게 되면, 북
을 치며 서쪽(장안)으로 진군해 올 것입니다. 황상께서 비록 병중이
지만 억지로라도 큰 수레를 준비해서 누워서라도 그들을 통솔하시
면, 장수들이 감히 힘을 다하지 않을 수 없을 것입니다. 황상께서 비
록 고통스럽겠지만 처자식을 위해 스스로 강건하셔야 합니다.'"

여택은 그날 밤에 바로 여후를 만났다. 여후는 틈을 보아 황상께
눈물을 흘리며 네 사람의 의사대로 말했다. 황상이 말했다.

"나도 그 애송이를 보내선 안 된다고 생각했소. 내가 몸소 가겠소."

이에 황상이 몸소 군대를 거느리고 동쪽으로 가니, 머물러 지키는 여러 신하들이 모두 파상灞上까지 나가 송별했다.

캐물   어, '태자는 무능하다!'는 모드로 가는데?

범식   '우리 처자식을 살려줄 사람은 남편인 유방 당신밖에 없습 니다'라며 하소연까지 하고 있어.

뭉술   유방이 태자를 "그 애송이"라고 표현할 정도로 태자를 내리 깔았어.

범식   그 바람에 유방이 몸소 전쟁터로 나가게 되긴 했잖아.

캐물   '무능한 태자'라는 이미지가 유방에게 박혔을 텐데, 태자 측 은 그것을 어떻게 없애겠다는 계산속일까?

유후(장량)**는 병상에** 있었으나 억지로 일어나 곡우曲郵까지 송 별하며 황상에게 말했다.

"신이 마땅히 따라가야 하나 병이 깊습니다. 초나라 사람은 용맹하 고 재빠르니, 폐하께서는 초나라 사람과 맞받아 싸우지 마십시오."

그러고는 다시 기회를 보아서 황상을 설득했다.

"명령을 내려 태자를 장군으로 삼아 주고 관중의 병사들을 감독하 게 하십시오."

황상이 말했다.

"자방은 병중이지만 강건하게 하여 누워서라도 태자를 보필하시오." 이때 숙손통叔孫通은 태자의 큰 스승이 되었고, 유후는 태자의 작은 스승이 되었다.

캐물   장량은 또 병치레로 누워 있는데?

뭉술   이런 상황에서 끼어들기가 곤란했을 텐데, 잘 됐지 뭐!

캐물   장량의 병은 필요할 때마다 찾아드나?

범식   병든 몸으로 멀리까지 모시고 나가서 송별하니 유방도 감동했겠다.

캐물   게다가 유방 걱정까지 해 주고 있어. 적군 병사들이 사나우니까 그들과 맞받아 싸우지 말라고 계책을 내고 있잖아.

범식   그런 다음 태자에게 도읍의 병권을 주라고 은근하게 설득했어, 대단한 장량이야.

캐물   유방이 그것을 받아들였을까?

뭉술   받아들였겠지. 태자는 아직 애송이에 지나지 않는데 뭘. 유방 생각이지만.

범식   그 뿐만 아니야. 태자의 작은 스승으로 장량을, 큰 스승으로 숙손통을 삼아 주었어.

뭉술   샘! 숙손통이 어떤 사람이죠?

이샘   진나라에서 박사를 지낸 분이에요. 국가 제도에 정통한 대유
      학자죠.

범식   진나라는 유학자를 홀대하지 않았나요? 분서갱유도 했잖
      아요?

이샘   "갱유"란 유학자를 죽였다는 것인데, 유학자가 아니라 도술
      이나 신선 얘기를 하는 사람들을 죽였다는 설도 있어요. 그
      게 아니라 하더라도, 꽤 많은 유학자가 진나라 조정에서 활
      동한 것은 사실이에요.

캐물   대유학자인 숙손통과 대전략가인 장량이 태자 편에 붙었으
      니, 이것은 태자에게 날개를 달아 준 셈이잖아?

뭉술   태자는 무능하다는 생각 때문에 유방이 잠시 방심한 거지.

범식   아무리 그렇다고 해도 갈아치우려고 맘먹은 태자에게 그렇
      게까지 힘을 실어 줄까?

캐물   유방 자신이 도읍을 비우면 그곳을 관리해야 할 사람이 태
      자잖아? 이런 상황에선 태자의 무능이 오히려 걱정되지 않
      았을까?

범식   이번 일을 처리하고 돌아와 태자를 갈아치우는 것 정도는 아
      무것도 아니라고 생각했겠지.

뭉술   만약 태자가 반역하면?

범식   유방은 불가능하다고 생각했겠지. 자신이 정예병을 이끌고
있고, 도성 안에는 유방과 생사고락을 같이한 백전노장들
이 즐비하게 남아 있는데 어떻게 반역을 할 거라고 생각을
하겠어.

한나라 12년, 황상이 영포의 군대를 깨뜨리고 돌아와 병이 더
깊어지자, 더욱 태자를 바꾸고자 했다. 유후가 그만둘 것을 간언했
으나 그는 듣지 않았다. 그로 인해 유후는 병이 나서 정사를 돌보지
못했다. 태자의 큰 스승인 숙손통이 고금의 일을 들어 설득하고, 죽
음을 무릅쓰고 태자의 보위를 간쟁하자 황상은 거짓으로 그렇게 하
겠다고 말했다. 하지만 실제로는 여전히 태자를 바꿀 생각을 하고
있었다.

캐물   장량이 또 병이 났어.

범식   이번엔 병이 난 이유가 분명히 밝혀졌는데 뭘.

뭉술   태자를 그렇게 좋아했나?

범식   태자를 바꾸지 않아야 천하의 안정이 지속될 수 있다고 본
게 아닐까?

캐물	병이 날 정도로 세상의 평화를 원한 장량이라고 해야 하나?
범식	숙손통은 유학자다운데! 불의한 일은 목숨을 바쳐서라도 막겠다는 선비의 결기가 있어.
뭉술	유방이 어쩔 수 없이 꼬리를 내렸지만, 속으로는 전혀 받아들이지 않고 있는데 뭐.
캐물	태자의 무능함을 본 유방이 태자를 그대로 둘 리 없지. 장량은 병이 나 누워 버리고, 숙손통은 죽음을 무릅쓰겠다고 나오니까 우선 피하고 보자는 심사지.
뭉술	유방이 속임수 쓰는 걸 어디 한두 번 해 봤나!

연회에 술자리가 마련되었다. 이때 태자가 황제를 모시게 되었는데, 네 사람이 태자를 따르고 있었다. 이들은 나이가 모두 여든 남짓이고 수염과 눈썹은 희었으며 의관은 매우 위엄이 있었다. 황상이 괴상하게 여겨 물었다.

"저들은 뭐 하는 사람들인가?"

네 사람이 앞으로 나아가 각기 자기 이름과 성을 말했다. 동원공, 각리선생, 기리계, 하황공이라고 하자 황상은 크게 놀라며 말했다.

"짐이 공公들을 가까이 하고자 한 지가 몇 년이나 되었는데 공들은 짐을 피해 달아나더니, 이제 공들이 스스로 내 아이를 따라 교유하고 있으니 어쩐 일인가?"

네 사람이 모두 말했다.

"폐하께서 선비를 업신여기고 걸핏하면 욕하기에, 신들이 의義에 욕되지 않을까 하는 두려운 마음에 달아나 숨었습니다. 태자께선 사람됨이 어질고 효성스러우며 사람을 공경하고 선비를 아껴서, 태자를 위해 목숨을 바치려고 목을 빼고 있는 자가 천하에 널려 있다는 소문이 들려 신들이 찾아온 것입니다."

황상이 말했다.

"귀찮으시겠지만 공들께서 끝까지 태자를 잘 보살펴 주시기 바랍니다."

네 사람이 축수를 마치고 총총히 떠나가자, 황상은 눈길을 오래 하여 그들을 전송했다. 그러고는 척 부인을 불러서 그 네 사람을 가리키며 말했다.

"짐이 태자를 바꾸려고 했으나, 저 네 사람이 보좌하여 태자의 날개가 벌써 다 이루어졌으니 바꾸기 어렵게 되었소. 여후가 진정 그대의 주인이오."

척 부인이 눈물을 뿌리자 황상이 말했다.

"그대가 나를 위해 초나라 춤을 추면 나도 그대를 위해 초나라 노래를 부르리다." 그러고는 노래를 불렀다.

큰 고니 높이 날아

단번에 천리를 솟구쳤네

날개 이미 자라나서

이리저리 사해를 나네

이리저리 사해를 나니

어떻게 하겠는가!

화살이 있으나, 짧으니

쏠 곳이 어딘가!

  몇 차례 연달아 노래를 부르자 척 부인이 한숨을 내쉬며 눈물을
흘렸다. 황상이 일어나 나가자 술자리는 끝났다. 결국 태자를 바꾸
지 못한 것은 유후가 이 네 사람의 힘을 끌어들인 게 근본적인 이
유이다.

뭉술 장량이 모셔오게 했던 네 사람이 나타나자 상황이 끝났어.

범식 민심에다가, 고결한 선비의 마음까지 얻고 있는 태자를 천하
      의 유방도 어찌할 수 없었던 거지.

캐물 무능한 태자의 이미지는 어디로 가고?

뭉술 자기가 장량에게 속았다는 걸 유방은 그제야 깨달았겠지.

범식   사태가 파악되면 재빨리 받아들이는 게 또 유방이잖아.

캐물   천하의 유방이 태자 하나 내칠 능력이 없었을까?

범식   나는 없었다고 생각해. 유방이 애첩에게 불러 준 노래에 그
       런 유방의 마음이 잘 나타났다고 봐.

캐물   태자는 이미 하늘을 훨훨 나는 '고니'가 되었는데, 자신은 땅
       에서 짧은 화살이나 재고 있구나 하는 것이 느껴졌을 때 유
       방의 마음이 어땠을까?

뭉술   이렇게 판을 짠 게 장량이야!

범식   사마천도 그것을 명백히 하고 싶어서 "태자를 바꾸지 못한
       근본적인 이유는 유후가 이 네 사람을 불러온 것 때문이다"
       라는 말을 썼겠지.

뭉술   유방이 장량에게 대거리 한 번 해 보지 못하고 그야말로 속
       수무책으로 당했구만.

캐물   그런 싸움을 만드는 게 최고의 싸움꾼이지. 『육도』에 있는 말
       이야.

"가장 완전한 승리는 싸우지 않고 이기는 것이며, 가장 뛰어
난 군대는 적과 아군에게 상처를 입히지 않습니다. 이러한
경지는 바로 귀신의 경지와 통하는 것으로, 참으로 오묘하고

도 오묘합니다."

뭉술 전면에 나서지 않으면서도 결정을 짓는 장량의 모습을 떠올
리게 하는 구절도 역시 『육도』에 있어.

"큰 용기를 가진 자는 적과 싸우기 전에 적을 미리 약화시키
므로 용맹스럽지 않은 것처럼 보인다."

인생은 흰 망아지가 지나감을
문틈으로 보는 것

유후가 황상을 따라 대나라를 공격할 때 기이한 계책을 내 마읍을 공략했고, 소하를 상국에 세우게 한 일 등 황상에게 조용히 천하의 일을 말하는 경우가 아주 많았으나, 그것들은 천하가 존재하고 망하는 까닭이 될 수 없어 기록하지 않는다.

뭉술　천하 존망이 걸렸던 일만 기록했다고 사마천이 말하는데?

캐물　사마천 자신의 글쓰기 원칙이 뭔가를 밝혀 놓은 셈이지.

범식　최소한 「유후 세가」에서 만큼은 그렇다고 할 수 있겠다.

유후는 늘 말했다.

"우리 집안은 대대로 한(韓)나라 승상을 지냈는데, 한나라가 진나라에 무너지자 만금의 재물을 아끼지 않고 한나라를 위해 강대한 진나라에 복수를 해 천하가 진동했다. 세 치의 혀로 황제의 스승이 되어 이제 식읍은 만 호에 이르고 지위는 제후의 반열에 올랐으니, 이는 평민으로서 극한에 오른 것이니 나로선 대만족이다. 세속의 일일랑 버리고 적송자를 따라 노닐고자 바랄 뿐이다.

이에 벽곡(도가의 양생술)을 배워 곡식을 먹지 않았고 도인을 수행하여 몸을 가벼이 했다. 그러던 때인데 고제(유방)가 죽었다.

뭉술   샘! 적송자가 누구죠?

이샘   중국의 전설 시대라 할 수 있는 신농씨 때 비를 주관하던 신
       선이라고 해요. 곤륜산에 있는 서왕모의 거처에 드나들고, 비
       바람을 타고서 천상과 지상을 오르내리며 신농씨의 딸에게
       신선술을 가르쳐 주어, 함께 천상 세계로 올라갔다고들 해요.

캐물   장량이 이제 신선이 되겠다는 것인가?

뭉술   지상에서 할 일은 다했다는 거지.

범식   장량의 이런 태도를 설명해 주는 구절이 『육도』에 있어.

"하늘과 땅은 만물을 기르면서도 공을 스스로 밝히지 않습니다. 그런데도 만물이 저절로 자라게 합니다. 성인은 저절로 이루어지는 정치를 시행하면서도 이를 남에게 밝히지 않습니다. 그런데도 그 이름이 저절로 드러나게 됩니다."

범식   장량과 같은 이런 사람을 어떤 사람이라 해야 할까?

캐물   처세술에 뛰어난 사람이라 해야 하지 않을까?

뭉술   처세술이라면 속으로는 어찌 생각하든지간에 겉으로는 그럴 싸하게 행동하는 사람을 말하잖아?

범식   캐물이는 지금 장량이 진정으로 적송자처럼 되려는 마음이 없다고 생각하니?

캐물   천하가 결정된 뒤, 공신이 숙청되는 시기를 잘 넘기려고 장량이 쇼를 하고 있다는 생각이 나는 자꾸 들어. 이것을 잘 처리해야 한다는 걸 알려 주는 구절도 『육도』에 있어.

"자기 자신의 즐거움은 저절로 얻어지는 것이 아니라, 재앙이 닥쳐올까 염려하고 미리 대처해야 얻어지는 것입니다."

범식   그건 너무 삐딱하게 보는 게 아닐까? 오로지 목숨을 지키는 게 관심사라면, 은퇴하고 한적한 곳에 들어가 적당히 세상의 즐거움을 누리면서 살면 되잖아.

뭉술 하루 이틀도 아니고 일 년 내내 곡식을 끊고 솔잎 가루 같은 것만 먹고 산다는 게 보통 힘든 일이 아닐 거야.

캐물 물론 힘들겠지. 하지만 장량이 정말로 신선이나 그 비슷한 것이 되기를 바랐다고는 생각할 수 없어.

범식 지금도 양생養生을 터득하겠다고 수련하는 사람들이 많잖아?

뭉술 장량은 정말이지 감이 잡히지 않는 인물이야. 그는 이미 강태공이 『육도』에서 알려 준 다음과 같은 인물이 된 것 같아.

"마치 드높은 하늘의 끝을 다 헤아릴 수 없는 것처럼, 깊은 연못의 바닥을 알 수 없는 것처럼, 아무도 눈치 채지 못하여 경외감을 가지게 해야 합니다."

범식 신선이 뭐 따로 있겠어? 그런 인물이 신선이지. 그는 이미 적송자인 거지!

여후는 유후의 은덕을 생각해 그에게 강권하여 먹게 하며 말했다. "인생살이 한세상은 마치 흰 망아지가 지나가는 것을 문틈으로 보는 것과 같습니다. 어찌하여 스스로 이토록 고통스럽게 하십니까?"

유후는 하는 수 없이 태후의 말을 받아들여 곡물을 억지로 먹었다.

팔 년 뒤 유후가 세상을 뜨자, 시호를 문성후라 했다. 아들 장불의가 아버지의 작위인 후候를 이어받았다.

캐물   장량이 정말로 수련을 하고 싶었다면, 여후가 말리더라도 중
       단하지 않고 계속하지 않았을까?

범식   유방이 죽은 뒤이니까, 이제 여후가 나라에서 최고 어른이잖
       아. 그런 사람의 말을 끝내 물리치는 것도 신선 같은 삶이라
       고 할 수 없는 것 아냐?

뭉술   이때는 신선이 되는 수련을 중단하는 게 신선처럼 사는 거라
       는 역설인가?

캐물   유방의 죽음으로 그가 살해당할 일은 더 이상 없어졌기 때문
       이기도 했겠지.

이샘   옛사람들도 장자방 평가에 있어서 입장이 크게 갈렸어요. 권
       모술수의 대가라는 데서부터 부귀영화를 똥처럼 여긴 성현
       이라는 데까지 극과 극을 달렸죠.

뭉술   그만큼 사람들의 손에 잡히지 않는 인물이라는 소리네요.

범식   역시 신선인 거지.

캐물   한 가지는 확실해. 장량이 욕심 사납게 살지는 않았다는 거.

뭉술   자기가 잘해서 일이 이루어졌다는 자만심도 없었다고 봐야지.

캐물   그래서 오복五福 중의 하나인 고종명考終命, 즉 '죽는 자리가 편한 것'을 이루었다고 해야겠다.

범식   후세 사람들도 그런 것을 느껴서인지 장량의 사당에 있는 양쪽 바위에 '지지知止(머물러야 할 곳을 안다)'와 '성공불거成功不居(공을 이루기는 하지만 그것에 갇히지는 않는다)'라는 글을 새겨 놓았대.

이샘   '지지'는 유학에서 말하는 '안분지족安分知足'을, '성공불거'는 노자 『도덕경』에 나오는 '공성신퇴攻城身退'를 염두하고 새긴 듯하네요.

　　장자방이, 시작할 때 하비의 다리 위에서 만난 노인에게서 『태공서』를 받은 뒤 십삼 년이 지나 고제(유방)를 따라 제북을 지나갔다. 과연 곡성산 아래에서 누런 돌을 보게 되어, 장자방은 그것을 가지고 와 보배로 받들며 제사까지 지냈다. 유후가 죽자 누런 돌도 함께 묻었다. 사람들은 무덤에 가는 날이거나 복일과 납일이면 늘 누런 돌에도 함께 제사를 지냈다.

뭉술 시작할 때 썼던 노인 이야기를 사마천이 막판에 또 썼네.

캐물 정말로 장량에게 그 책을 주었을까?

범식 이야기가 과장되었을 순 있어도 책 한 권 주는 게 그렇게 힘든 건 아니잖아?

캐물 진시황 때여서 그런 거지! 이런 책을 그땐 읽을 수도 없었을 뿐더러 소유조차 해선 안 되지 않았을까?

범식 진시황이 저지른 분서갱유 때문에 그런 거니? 아무리 분서갱유가 있었다고 해도 모든 책을 금지하진 않았을 거 아니야?

이샘 맞아요. 농사책·의학책·점술서는 민간에서 소유해도 상관이 없었어요. 제일 심하게 문제 삼은 게 각 나라의 역사책이었는데, 진나라 역사책을 제외한 모든 역사책을 도서관에 수장된 것까지 다 불살랐죠. 사상에 관한 책이나 병법책은 민간에선 소유할 수 없었어요.

캐물 그럼 『태공병법』도 금서잖아.

범식 장량은 불온한 서적을 읽은 사람이었구만!

뭉술 진나라 금서를 공부해서, 진나라를 멸망시킨 셈이네.

캐물 아무리 금서로 지정하더라도 읽는 사람은 있다고 그 당시 사람들이 풍자하고 있는 거라는 생각이 든다.

이샘 책을 불태우고 금서로 지정한 진시황의 정책을 장량의 경

우를 들어 조롱하고 풍자한 게 〈분서갱〉이라는 시에 잘 나
타나요.

"책을 불 지른 것은 백성들을 멍청하게 하기 위한 것이었으나,
백성들이 멍청해지기도 전에 나라가 망하게 됐네.
딱 한 사람을 막지 못했는데,
그가 황석공에게 병법을 배웠구나."

범식   병법을 배운 사람은 당연히 장량이고.

뭉술   그런데, 난데없는 그 노인은 누구였을까?

범식   진시황의 정책에 반대하던 사람이었겠지. 자기는 늘어서 할
수 없으니까 젊고 결기가 있는 인물을 찾다가 장량을 발견한
거겠지.

이샘   앞에서 봤던 「유후론」에서 소동파도 이것에 대해서 그의 견
해를 제시했어요.

"장량이 훌륭한 재주가 있는데도 왕도가 펼쳐지는 세상을 이
루어 냈던 이윤이나 강태공이 되려 하지 않고, 고작 협객인
형가나 섭정이 되려는 것이 (황석공, 즉 노인에겐) 무척 언짢았

을 것이다."

캐물　노인이 말한 그곳에서 장량은 진짜로 누런 돌을 발견했
　　　을까?

범식　산 하나를 다 뒤지면 누런 돌 하나 없겠어?

뭉술　장량이 그 돌을 가져다가 제사까지 지냈다고 하니까, 그 돌
　　　을 노인으로 여긴 것만은 틀림없어.

범식　장량이 죽자, 사람들이 그 돌을 장량의 주검과 함께 한곳에
　　　묻어 주었으니 죽어서도 장량은 그분과 함께하겠는데?

캐물　마치 영원히 끊어질 수 없는 한 핏줄 같잖아.

뭉술　그분이 남긴 책으로 인해 장량이 전혀 다른 사람이 되었으
　　　니, 둘은 부자父子 관계나 마찬가지인 셈이지, 뭐!

캐물　아! 그래서 사마천이 앞에서 그분을 지칭할 때 처음에는 늙
　　　은 아버지[老父]라 하고 그 다음부턴 줄곧 아버지[父]라고 표
　　　현한 건가?

범식　책 한 권이 아버지도 될 수 있나?

이샘　주자와 더불어 성리학을 이루어 낸 정이천程伊川의 말이 참고
　　　가 될 수 있겠네요.

"『논어』를 읽지 않았을 때 이러저러한 사람이었는데, 그 책을 다 읽은 뒤에도 똑같이 이러저러한 사람이라면 이것은 『논어』를 안 읽은 것이다."

캐물　정도전도 『맹자』를 읽고서 문제 제기자에 불과하던 그 자신을 떨쳐내고 혁명가로 다시 태어난 거니까, 정도전에겐 『맹자』가 아버지나 다름없지 뭐.

뭉술　나의 아버지는 어느 책장에 모셔져 있나?

　유후 장불의(장량의 아들)**가** 효문제 5년, 불경죄에 걸려 그의 봉국이 없어졌다.

캐물　허무하네. 3대도 못 가고 2대에서 끝장이 나는구만.

범식　장량의 자식은 오만했나 보지, 불경죄에 걸리게!

뭉술　알 수 없지. 불경죄를 범한 건지, 불경죄라는 죄목에 포획된 건지.

캐물　장량이 정말로 신선 같은 삶을 추구했는데도 그 자식이 그렇게 오만할 수 있었을까?

범식　할 건 다해 놓고 누리는 건 없는 거나 마찬가지인 아버지를 보면서, 그 아들은 아버지와는 반대로 살았을 수도 있지.

뭉술　자식은 자식인 거니까!

태사공(사마천)**은** 말한다.

학자들 거의가 귀신이 없다면서도 신령스러운 물건은 있다고 말한다. 유후가 만난 노인이 그에게 책을 준 것과 같은 일은 괴이하다. 한나라 고조가 어려움에 빠진 적이 한두 번이 아니었지만, 그때마다 유후는 늘 공을 세워 고조를 어려움에서 벗어나게 했으니, 이 어찌 하늘의 뜻이 아니라고 말할 수 있겠는가!

황상이 말했다.

"군대 장막 안에서 계책을 내 천리 밖의 승리를 확정하는 일에 나는 장자방만 못하다."

나(사마천)는 장자방의 몸집이 엄청 크고 기이하게 생겼을 것이라 생각했는데, 그의 초상을 보니 모습이 아리땁고 고운 여인네 같았다. 공자가 "외모로써 사람을 판단했다면 나는 자우(공자의 제자)에게 실수했을 것이다"라고 했는데, 유후에 대해서도 그럴 수 있을 것이다.

캐물　당시에 그 노인이 귀신이었다는 소리가 돌았나 보지?

범식　그러니까 사마천이 귀신 얘기를 꺼냈겠지.

뭉술   그렇다면 강태공 귀신이었겠다.

범식   그 노인을 만난 뒤, 장량이 강태공으로 바뀌긴 했지.

캐물   사마천은 왜 장량의 몸집이 엄청 크고 기이하게 생겼을 거라고 생각했을까?

범식   장량이 진시황을 저격하려 했고, 협객 노릇을 해서이지 않을까?

뭉술   앉아서 호걸들을 움직이고, 또 전쟁을 주물럭거렸다는 이미지 때문이기도 했겠지.

캐물   그런데 사마천이 봤던 장량의 초상화는 진짜였을까?

범식   장량에서 사마천까지가 150년도 안 되니까, 실제 장량의 얼굴을 그린 게 남아 있었다고 봐야지.

캐물   그때는 초상화를 사실적으로 그린 게 아니잖아? 그때 남아 있는 인물화를 보면 그 사람에 대한 분위기와 이미지를 많이 반영한 것 같던데.

뭉술   장량이라는 인물에게서 풍기는 분위기가 아리땁고 고운 여인네 같았다고 봐야겠지.

캐물   신선처럼 살았다면, 그런 이미지를 풍기는 사람이지 않았을까?

뭉술   처음에는 매섭고 독한 이미지였을지라도 수련을 하면서 그런 모습으로 바뀌었다고 볼 수도 있겠지.

범식   장량은 곱게 늙은 사람이네.

캐물   그가 살았던 시대와 삶을 생각하면, 그가 신선 같은 사람이
       아니었다면 그것은 결코 이룰 수 없는 성취였다는 생각이
       든다.